Gewidmet all jenen, denen der Gedanke an den Ruhestand

keine Ruhe lässt.

Wir können auch anders

Unternehmen Ruhestand

Autorenteam Leer

Mechthild Tammena – Claus und Elvira Aßmus
Martin Hehl – Berend Wilbers
Anemone Hehl – Jan Wurps

Impressum

© 2020 Autorenteam Leer

Autoren: Aßmus, Claus und Elvira – Hehl, Anemone – Hehl, Martin
       Tammena, Mechthild – Wilbers, Berend –Wurps, Jan –
Umschlaggestaltung: Anemone Hehl
Verlag und Druck: tradition GmbH, Halenreie 42, 22359 Hamburg
ISBN: 978-3-347-10426-6 (Paperback)
       978-3-347-10428-0 (e-Book)

Inhaltsverzeichnis

Anhang

Vorwort

Was eigentlich ist Ruhestand?

Die sprachliche Verknüpfung von "Ruhe" und "Stand" ist nicht so eindeutig wie es scheint. Beschreibt sie einen ruhigen Zustand wie ein Gleichgewicht oder ist der Stand der Ruhe variabel etwa wie ein schwankender Wasserstand? Ist die Ruhe nur eine vorübergehende Rast oder der Endpunkt einer Reise? Diese Wortverbindung hat es also in sich. Es ranken sich um diesen schillernden Begriff eine Vielzahl von persönlichen Betrachtungen. Oft wird der Ruhestand naturgemäß auch mit einer Skalierung des Lebensalters verknüpft. So kommt man zur Benennung vom ersten, zweiten, dritten und vierten Lebensabschnitt. Zudem sind diese Aspekte nicht ausschließlich privater Natur. Von außen greifen der "Staat" und "die Wirtschaft" mit gesetzlichen und finanziellen Regelungen ein. Der "Ruhestand" ist also in einem Spannungsfeld zwischen privater und öffentlicher Sphäre angesiedelt, welches Widersprüche in sich birgt. Man denke an die Diskussion um das "richtige Rentenalter".

Das vorliegende Buch regt an, die eigene Lebenssituation zu reflektieren.

Wenn sieben Personen über "ihren" Ruhestand schreiben, zeigt sich, wie variantenreich Menschen mit diesem Begriff umgehen. Die Schulrektorin, das Arztehepaar, der Unternehmer, der Finanzbeamte, die Lehrerin und der Manager schildern einfühlsam ihren Umgang mit dem neuen Lebensabschnitt.

"Abschied vom Beruf", "Gefühl wie Urlaub", "mal nichts tun", und Begriffe wie "Veränderung", "Chance", "Begrenztheit des Lebens" zeigen diese Vielfalt.

Über zwanzig Millionen Menschen in Deutschland beziehen Rente oder Pension. Über vierhunderttausend Menschen stehen in der Republik jährlich neu vor dieser Lebenssituation. Unmittelbar damit verbunden ist auch immer der Umgang mit Alter und Krankheit. Die Gefühle der Menschen reichen von Angst und Unsicherheit bis hin zu euphorischen Erwartungen. Die Kenntnis dieser Gefühlslagen inspirierte das Autorenteam zu ihrer Buchidee.

Das Besondere an dem vorliegenden Buch ist der durch mehrere Autoren ermöglichte Perspektivwechsel. In erstaunlicher Offenheit blicken die Autor*innen zurück auf die vergangenen beruflichen und privaten Stationen ihres Lebens. Dadurch wird ein Spannungsbogen aufgebaut, der die Leselust fördert.

Bei aller Unterschiedlichkeit der Lebens- und Berufswege eint die Autor*innen die Kraft und der Optimismus, die Veränderungen im eigenen Leben abseits der alten Berufswege anzunehmen und aktiv zu gestalten.

Es gibt kein Patentrezept für ein Leben nach dem Beruf, so die Erkenntnis aus dem Werk. Aber wer dieses Buch gelesen hat, weiß:

Es gibt ein erfülltes Leben auch jenseits des Berufslebens. Eine Vielzahl von Denkanstößen und Anregungen für die Zeit "danach" werden hier vorgestellt.

So wünsche ich dem Werk viele interessierte und zufriedene Leser*innen.

Wolfgang Kellner

Bürgermeister a.D.

Stadt Leer

Mechthild Tammena

Das Leben geht weiter – nur wie?

*Bildung ist nicht auf die
Schule begrenzt,
sie geht unerbittlich weiter
bis ans Lebensende.*

Peter Ustinov

...dem stimmt die gebürtige Emsländerin zu, die bis zu ihrem Eintritt in den Ruhestand als Rektorin in Ostfriesland versucht hat, die Persönlichkeit der Schüler*Innen zu entwickeln, damit sie am sozialen und gesellschaftlichen Leben teilnehmen und ihr eigenes Leben gestalten können.

Wir verlangen, das Leben müsse einen Sinn haben,
aber es hat nur ganz genau so viel Sinn,
als wir selbst ihm zu geben imstande sind.

Hermann Hesse

oder:
Jeder ist seines Glückes Schmied

Eigentlich war alles gut

Jedes Jahr der gleiche Ablauf: Konferenzen, Aufräumen, Abschiedsfeiern, Klassenbücher kontrollieren, Klassenräume umstellen, Schulbuchbestellungen durchführen, Abordnungen besprechen. Die Liste könnte beliebig fortgeführt werden. Es ist einfach nur Hektik angesagt, verbunden mit der Vorfreude auf sechs Wochen unterrichtsfreie Zeit. So sehr ich mich darauf freue, dieses Mal fühlt es sich anders an. Dieses Mal stehen keine Sommerferien, sondern die „ewigen" Ferien an. Ich gehe – wie sagt man so schön – in den wohlverdienten Ruhestand.

16 Jahre war ich Schulleiterin einer kleinen Grundschule. Davor Konrektorin einer größeren Schule und davor Lehrkraft an verschiedenen Schulen. Also der typische Weg einer Schulleiterin. Meine Arbeit hat mir immer Spaß gemacht, doch die Zeit war reif und meine Altersgrenze hatte ich erreicht, so dass ich die Entscheidung getroffen habe, in den Ruhestand zu gehen. Der Entschluss fiel mir nicht leicht. Zunächst hatte ich noch überlegt zu verlängern. Doch das – fand ich – war so ein Hinausschieben auf Raten. Besser gehen, wenn alle mich bitten zu bleiben.

Ich habe meinen Entschluss vor einem Jahr dem Kollegium und meiner Dezernentin mitgeteilt. Mein Kollegium hat recht schnell realisiert, dass ich meinen Entschluss – wenn ich ihn einmal gefasst habe – nicht kippen werde. Dafür hat meine Dezernentin bis zum Schluss versucht, mich zum Verlängern meiner Schulleitertätigkeit zu überreden, wohl wissend, dass an vielen Schulen die Leitungsstellen nicht wieder besetzt werden. Ich fühlte mich zwar geschmeichelt und es tat auch gut, doch ich denke, dass sie ihre Überredungskünste auch bei anderen Schulleitungen angewandt hat. Es blieb somit dabei. Am Ende des Schuljahres ist Schluss.

Bei allen schulischen Tätigkeiten hieß es immer "Zum letzten Mal". Also kam der Abschied nicht unverhofft. Er war geplant, doch die Frage stellt sich, wie fühlt er sich an. Nach einer emotionsgeladenen Abschiedsfeier, vorbereitet vom Kollegium, den Eltern und den SchülerInnen und ein letztes gemeinsames Zusammensein mit dem Kollegium bei mir Zuhause, kommt nun die neue Lebensphase.

Kommt nun die große Freiheit? Stehen mir nun alle Türen offen? Kann ich nun reisen wie ich will, so lange schlafen wie ich will?

Ich bin schon viel gereist und ich habe auch nicht das Gefühl, dass ich irgendetwas versäumt habe. Gut, das Aufstehen, wenn der Wecker um 6 Uhr in der Früh geklingelt hat, darauf kann ich gut verzichten. Aber sonst? Eigentlich war alles gut.

Gratulationen zum Ruhestand
„Willkommen im Club!"

Mein Eintritt in den Ruhestand hat sich rumgesprochen. Kein Wunder, zwei Zeitungen haben darüber berichtet. Und so kommen Leute auf mich zu und gratulieren mir. Alle strahlen mich an und meinen, was für eine tolle Zeit auf mich wartet. „Willkommen im Club!"

Eigentlich war ich mit meinem bisherigen Leben zufrieden. Ich brauchte mir morgens keine Gedanken zu machen, was ich mit dem Tag anstelle. Es war alles gut geordnet und ich fange jetzt schon an, den strukturierten Tagesablauf zu vermissen.

Ich frage mich ernsthaft, ob der Eintritt in den Ruhestand ein Grund zum Gratulieren ist. Gut, ein neuer Lebensabschnitt beginnt, doch durch diesen neuen Lebensabschnitt wird das ´Endliche` auch präsenter. Vielleicht ist es aber auch an der Zeit, sich damit näher auseinanderzusetzen und es nicht zu verdrängen. Ich bin nicht mehr die Jüngste. Zwar noch nicht ganz alt, doch ich gehöre jetzt - ob ich will oder nicht - auch zu den "Alten" !!!

Rentnerin mit leuchtenden Augen

Eine Freundin, die zeitgleich mit mir in den Ruhestand gegangen ist, kommt vorbei. Schon weit im Vorfeld hat sie sich auf den Ruhestand gefreut. Sie freut sich, dass sie keine Termine mehr hat, dass sie tagsüber ein Buch lesen und sich zum Kaffee trinken verabreden kann. Und begeistert schildert sie mir die ersten Tage ihres Ruhestandes. Nein, sie vermisst überhaupt nichts. Sie hofft, dass sie gesund bleibt, um ihren Ruhestand genießen zu können.

Sie versteht nicht, dass ich dem Rentner-Dasein so skeptisch gegenüberstehe. Ich hätte doch genug gearbeitet und gut gearbeitet und brauchte mir und der Welt nichts mehr zu beweisen. Ich könnte nun die Zeit ganz in Ruhe genießen. Sie schwärmt mir von Yoga und Pilates vor – der Weg zu sich selbst.

Beneidenswert, oder? Eine Rentnerin mit leuchtenden Augen, die mit sich und der Welt im Reinen ist.

Nicht nur strahlende Rentner

Ich bin interessiert, wie es anderen Rentnern mit dem Ruhestand ergeht und treffe mich mit einem Kollegen, der zwei Jahre vor mir in Pension gegangen ist.

Gespannt lausche ich seinen Ausführungen. Er berichtet, dass das erste Jahr recht schwierig für ihn gewesen war. Zunächst war er optimistisch, dass seine Hobbys reichen würden, um mit dem Rentner-Dasein klar zu kommen. Doch da hatte er sich getäuscht. Das Wetter spielte nicht mit, so dass das Segeln und das Gärtnern ziemlich auf der Strecke blieben. Dann wohnt er irgendwo in der Einöde, so dass er kaum auf Leute trifft. Hinzu kam, dass seine Frau eine neue Stelle angeboten bekommen hat und den ganzen Tag außer Haus war. Ja, ihm fehlten eindeutig die sozialen Kontakte, so dass er sich entschlossen hat, an seiner alten Schule wieder mit Förderunterricht anzufangen. Zwischenzeitlich hat er sich eingerichtet und kann sich mit seinem neuen Lebensabschnitt abfinden.

Ich fand seine Darstellung ehrlich. Endlich mal jemand, der mir nicht mit funkelnden Augen gegenüber sitzt und mir vom Rentner-Dasein vorschwärmt.

Da ich überlegte, wie ich meine zukünftige freie Zeit nutzen könnte, stellte sich für mich sofort die Frage, ob sein eingeschlagener Weg auch was für mich wäre. Sollte ich mich an meiner ´alten` Schule, an der Schule, die ich gerade als Schulleiterin verlassen hatte, als Förderkraft bewerben? Nun, ich hätte den Kontakt zum Kollegium und könnte sehen, wie mein Nachfolger sich macht. Wäre doch ganz interessant. Und, wenn was nicht klappt, wäre ich zur Stelle. Ich stünde mit Rat und Tat zur Seite.

Ich sehe mich schon wieder in meinem Schulleiterzimmer. …

Bevor ich weiter ins Träumen gerate, komme ich auf den Boden der Tatsachen zurück und verwerfe diesen Gedankengang ganz schnell. Mir ist schon klar, dass das keine Option für mich ist. Wenn ich mich weiter schulisch hätte betätigen wollen, wäre ich besser Schulleiterin geblieben.

Hinzu kommt, dass ich mich in meinem neuen Lebensabschnitt nicht mehr um schulische Probleme kümmern will, sondern mal etwas ganz anderes machen möchte. Die Frage ist nur – was?

Keinen Tag bereut

Seit über dreißig Jahren bin ich politisch aktiv. Früher in der ersten Reihe, nun mehr im Hintergrund. Da demnächst wieder Wahlen anstehen, habe ich mich zur Standarbeit in der Stadt einteilen lassen. Ich mag das gerne, da es Gelegenheit bietet, mit unterschiedlichen Leuten in Kontakt zu treten.

Dieses Mal waren die Gespräche nicht nur politisch geprägt, auch mein Rentner-Dasein stand im Fokus. Kurz bevor ich in den Ruhestand gegangen bin, habe ich zwei Zeitungen Interviews zu meinem Schulalltag gegeben und die Äußerung gemacht, dass ich es keinen Tag bereut hätte, Schulleiterin geworden zu sein.

Nun ist der Beruf der LehrerInnen in den letzten Jahren ja nicht einfacher geworden und auch der Andrang auf die Position der Schulleitungen ist sehr zurückgegangen, so dass bei einigen Bekannten, die am Stand vorbeikamen, eine gewisse Skepsis zu spüren war, was meine Interviews betraf. Von mehreren bin ich gefragt worden, ob ich das auch wirklich so gemeint hätte. Das konnte ich bejahen.

Ist es nicht ein absolutes Privileg, dass ich meinen Beruf bis zum Schluss gerne ausgeführt habe und mit einem guten Gewissen in den Ruhestand gehen konnte?

Aber deshalb fiel mir der Abschied ja auch so schwer.

Im Ruhestand sind es "Projekte"

Wir sind bei Freunden eingeladen und ich treffe wieder – wie kann es anders sein – auf Menschen im Ruhestand. Eine Ruheständlerin sitzt mit am Tisch, die mich mit funkelnden Augen ansieht. Ja, sie hat schon vor vier Jahren mit der Arbeit aufgehört, so früh es nur irgendwie ging. Und sie hat es noch nicht einen Tag bedauert. Es ist ja alles so toll.

„Was machst du denn so?", möchte ich wissen. Es interessiert mich wirklich. Vielleicht kann ich mir Anregungen holen.

„ Nun, ich mache so verschiedene Projekte."

„ Was heißt das genau?", frage ich nach.

Sie wippt etwas auf ihrem Stuhl.

„Tja", meint sie, „ich bin nun beim Projekt ´Urlaub`."

„Und was bedeutet das konkret?", möchte ich wissen.

„Ja, dass ich den Urlaub plane, überlege, wo es hingehen soll und dann die Route aussuche."

Ich nicke ihr anerkennend zu.

Wieder etwas gelernt: Mit neuen Lebensabschnitten sind wohl auch neue Begrifflichkeiten verbunden.

Ab nun ist das unser geflügeltes Wort.

„Was hast du heute für Projekte geplant?", frage ich meinen Hausgenossen. Der antwortet mit einem verschmitzten Lächeln:

„Oh, es stehen mehrere Projekte an. Projekt: Rasen mähen! Projekt: Physiotherapie! Projekt: Essen kochen!"

Na, wenn das nichts ist!

Die Schule geht wieder los – ohne mich

Die Ferien sind vorbei und die Schule geht wieder los und – ich bin nicht dabei. Wie jedes Jahr trifft sich vor Schulbeginn das Kollegium zur Dienstbesprechung. Ich weiß um diesen Termin. Und wie geht es mir damit?

Besser als gedacht. Ich bin erstaunt, wie ruhig ich damit umgehe. Ich – die sich so schwer mit dem Einstieg in den Ruhestand tat, die gerne zur Schule gegangen ist – bin recht entspannt. Nein, ich vermisse die Schule nicht. Ja, ich würde gerne Mäuschen spielen und hören, wie sich mein Nachfolger auf der ersten Dienstbesprechung so macht. Doch das ist auch schon alles. Ich vermisse nicht die Diskussionen um den Stundenplan, die Vorbereitungen für die Einschulungsfeier, die Unterrichtsvorbereitungen, die Terminplanungen für die kommende Zeit. Mich hätte nur mal interessiert, wie es nun so läuft.

Die Zeit in der Schule war gut. Doch das Kapitel ist abgeschlossen. Und es ist gut, dass ich nicht Mäuschen spielen kann und mitbekomme, was besprochen wird.

Die Schule wird laufen – auch ohne mich.

Neue Phase des Lebens ausprobieren

Ich werde häufig gefragt, wie ich mich in meiner neuen Lebensphase fühle. Bislang fühlt sich alles noch ziemlich nach Ferien an. Hinzu kommt, dass das sonnige Wetter das Urlaubsgefühl verstärkt. Wie immer in den Ferien stehe ich später auf, frühstücke länger und lese intensiver die Zeitung. Ohne Hektik den Tag beginnen – das ist doch nicht zu unterschätzen.

Ich treffe mich nun häufiger mit Freundinnen und Bekannten. Den Austausch finde ich auch abwechslungsreich, da es ganz unterschiedliche Leute und somit ganz unterschiedliche Themen sind.

Ich werde verstärkt gefragt, ob ich mich weiter ehrenamtlich engagieren möchte. Verschiedene Posten werden mir angeboten. Doch bei diesem Thema mag ich mich noch nicht festlegen.

Schon während meines Berufsleben habe ich mich ehrenamtlich engagiert, spiele in einer Big-Band mit, bin mindestens zweimal die Woche sportlich unterwegs. Hinzu kommen der Garten und das Haus, welche bearbeitet und gepflegt werden müssen. Dann sind wir in ´Ruf-Bereitschaft` für unsere Enkelkinder. Sollten die uns brauchen, was in der letzten Zeit häufiger vorkommt, lassen wir alles stehen und liegen und fahren hin. Und dann ist da noch mein Mann, der auch gerne etwas mit mir unternehmen möchte.

In Zukunft will ich mich bestimmt noch weiter ehrenamtlich engagieren, und ich finde es auch schmeichelhaft, dass man mir Posten anbietet. Doch ich bin eben erst in der neuen Phase des Lebens angekommen. Ich fange ja gerade an, die freie Zeit zu genießen. Es ist nun möglich, spontan auf die Insel zu fahren oder einen Stadtbesuch durchzuführen, ohne alles auf das Wochenende zu verschieben. Hinzu kommt, dass ich den Camino – den Camino de Santiago – laufen will. Nicht ganz, nur ein Stück. Und das muss vorbereitet werden.

Also vertröste ich alle und sage ihnen, dass sie mir Zeit lassen sollen. Ich brauche noch Zeit, um zu sehen, wie sich mein Leben entwickeln wird.

Zurück in den Beruf

Ich treffe mich mit einer Bekannten, die vor einem Jahr in den Ruhestand gegangen ist. Sie ist alleinstehend – ohne Partner, ohne Kinder. Ich hatte sie kurz nach ihrem Eintritt in den Ruhestand getroffen, und ich hatte den Eindruck, dass sie mit ihrer neuen Lebenslage zufrieden war. Doch schnell, erzählt sie, hat sie gemerkt, dass sie mit diesem Leben so nicht zurecht kam. Es fehlten ihr die sozialen Kontakte, eine Aufgabe, Strukturen. Hinzu kam, dass es auch finanziell nicht rosig aussah. Also hat sie sich entschlossen, wieder in ihrem Beruf zu arbeiten. Nicht zu viel, doch immerhin eine halbe Stelle. Nun fühlt sie sich wohler, wohl wissend, dass das Problem nicht behoben, sondern nur verschoben ist.

Diese Probleme hatte ich bei mir befürchtet, dass mir die Schule, der Umgang mit den Kindern, das Kollegium fehlen würde. Doch toi, toi, bislang ist dem nicht so.

Wenn ich meine Situation mit ihrer vergleiche, müsste mir eigentlich deutlich werden, in welch komfortabler Situation ich mich befinde. Ich habe einen Mann an meiner Seite, mit dem ich viele Unternehmungen durchführen kann. Zum Glück stimmen auch die Finanzen, so dass wir uns unsere Unternehmungen leisten können. Dann haben wir zwei Söhne mit drei Enkelkindern. Sie wohnen weiter weg, doch wir fahren schon häufig hin. Und ganz wichtig: Gesundheitlich geht es uns – wie sagt man so schön – dem Alter entsprechend gut. Wenn das nicht der Fall wäre, hätte ich mich nicht für den Camino – die Pilgerwanderung über 300 Kilometer – entschieden.

Mitarbeit an der Uni nicht erwünscht

„Ja, bei der Uni wollte ich auch schon vorsprechen", pflichtet mir eine Bekannte bei, nachdem ich ihr meine Überlegungen für eine Mitarbeit an der Uni dargelegt habe. „Aber sie hat es nach drei Jahren Rentner-Dasein noch nicht geschafft, dort mal vorzusprechen", ergänzt ihr Mann mit etwas süffisanter Miene.

In den letzten Monaten meiner Schulzeit habe ich Gespräche mit Eltern durchgeführt. Besonders mit den Eltern, die sich mir und auch anderen Lehrkräften gegenüber im Umgangston vergriffen haben. Mich interessierten die Gründe, die zu solchen Entgleisungen führen. Ich habe die betroffenen Eltern zu einem Gespräch eingeladen und wir haben in einer recht ehrlichen Atmosphäre über die Gründe ihrer Aussetzer gesprochen. Die Erkenntnisse und die daraus resultierenden Schlussfolgerungen würde ich gerne weitergeben und habe an eine Mitarbeit bei der Uni gedacht. Nicht sofort, vielleicht im nächsten Jahr.

Um überhaupt zu wissen, ob man an meiner Mitarbeit interessiert ist, maile ich die Uni an und frage nach einem Gesprächstermin.

Nach ein paar Tagen bekomme ich die Mailadresse von einer Professorin, die ich postwendend kontaktiere.

Per Mail fragt sie mich, was das Gespräch denn bringen soll.

„Das würde ich ja gerne mit Ihnen besprechen", teile ich ihr mit. Ich gebe ihr meine Telefonnummer in der Hoffnung, einen Anruf von ihr zu erhalten. Doch es tut sich nichts. Auch meine Versuche, sie telefonisch zu erreichen, laufen ins Leere.

Nach ein paar Tagen maile ich die Professorin noch einmal an und frage freundlich nach, ob es noch eine andere Person an der Uni gebe, die für mich ansprechbar sei, da die Kommunikation mit uns beiden nicht so richtig klappe. Sofort kommt eine Rückmeldung mit einer Art Entschuldigung, dass zu Semesterbeginn immer recht viel los sei und die Aufgaben vielfältig seien. Ich könne sie aber zu Beginn ihrer Sprechstunde telefonisch erreichen. Nach unserem holprigen Anfang habe ich wenig Hoffnung, dass eine gute Kommunikation noch möglich ist. Mich beschleicht so ein Gefühl, dass ich hier zur Bittstellerin degradiert werde.

Das Gespräch ist dann ganz nett. Ja, sie findet mein Anliegen äußerst interessant. Wenn das nicht der Fall wäre, würde sie sich gar nicht so lange Zeit für mich nehmen. War das jetzt so eine Charme-Offensive, um mir im nächsten Moment mitzuteilen, dass leider, leider für mein Anliegen zurzeit keine Kapazitäten frei seien und dafür kein Budget zur Verfügung stehe? Sie notiert sich meine Daten und will sich gegebenenfalls wieder bei mir melden. Das war es dann wohl. Meine Mitarbeit an der Uni kann ich erst mal auf Eis legen oder ganz streichen. Schade! Dann muss ich schauen, wo ich mich mit meinem Anliegen anderweitig einbringen kann.

Künstlerisch betätigen

Der Ruhestand kommt für Lehrkräfte, wie für viele andere Arbeitnehmer, sehr abrupt. Auch wenn man sich darauf einstellt, von einem auf den anderen Tag ist Schluss. Man hat seinen Platz geräumt, und gut ist es.

Da ist es doch beneidenswert, wenn man sich schon im Berufsleben künstlerisch, musikalisch oder schriftstellerisch betätigt hat. Im Rentner-Dasein hat man dann endlich die Zeit, sich intensiv mit seinem Hobby zu beschäftigen.

So finde ich, dass mein Mann seinen Ruhestand gut geregelt hat. Sein Job war bestimmt stressiger als meiner. Eine 60-Stunden-Woche war die Regel. Wie ich, so hat auch er seine Arbeit immer gerne ausgeführt. Trotzdem konnte er wider Erwarten ohne Probleme von heute auf morgen Abstand davon nehmen. Er war froh über die freie Zeit, die der Ruhestand mit sich brachte, froh, dass er seine Termine selbst bestimmen konnte, dass er seine Zeit mit dem Schreiben von Büchern ausfüllen konnte, dass er nun endlich die Zeit hat, sich mehrere Stunden in die Recherchen zu vertiefen und seine Gedanken zu Papier zu bringen.

Was ist mit meinen künstlerischen Fähigkeiten? Ich spiele Saxophon in einer Big-Band – mit Freude und so gut ich es kann. Vielleicht nehme ich mir in meinem neuen Lebensabschnitt nun die Zeit, intensiver zu üben, um mein Spiel zu verbessern.

Mit dem Wohnmobil die Welt erkunden

„Und du bist nun auch in Rente?", fragt mich eine Bekannte, die ich zufällig in der Stadt treffe. Ohne dass ich weiter darauf eingehe, teilt sie mir mit:

„Wir sind seit zwei Jahren im Ruhestand. Mein Mann hatte sein Alter erreicht und ich habe vorzeitig aufgehört. Was soll ich noch lange arbeiten? Wir wollen ja noch was zusammen unternehmen".

Und so berichtet sie, dass sie ihr Haus verkauft, sich eine Wohnung genommen und von dem finanziellen Überschuss ein Wohnmobil gekauft haben. Sie können die Wohnung hinter sich abschließen, ohne sich um Garten oder Schnee schieben kümmern zu müssen. Immer wenn ihnen danach ist, fahren sie mit dem Wohnmobil los und erkunden die Welt. Nein, Verpflichtungen – sprich: sich ehrenamtlich engagieren – wollen sie nicht. Dann wären sie ja wieder gebunden. Die freie, ungebundene Zeit sei ja zu schön.

Ich kenne die beiden von Veranstaltungen in der Stadt. Ich habe sie eigentlich als engagiert und interessiert am Stadtleben wahr genommen. Und nun? Nur noch Freizeit? Offensichtlich haben sie ihren Schwerpunkt anders gesetzt.

Auch ich finde „freie" Zeit schön. Ich habe sie in der kurzen Zeit meines Rentner-Daseins schätzen gelernt. Doch ganz ohne Aufgaben wäre es mir zu fade. Durch die verschiedenen Termine und Treffen wird der Alltag lebendig. Ich bekomme Anregungen und bin gefordert. Nur Kaffee trinken mit meinem Mann? Ein Mix aus freier Zeit und Engagement ist für mich das Richtige. Doch wie heißt es so schön: Jeder ist seines Glückes Schmied.

Veränderungen

Nun bin ich schon mehrere Wochen – Ferien einbezogen – aus der Schule raus und stelle gewisse Veränderungen in meinem Tagesablauf fest.

Liegt es am Alter oder am Rentner-Dasein, dass ich das Datum nicht mehr präsent habe? Auch die Wochenenden fließen nun seicht in die Woche mit ein. Ich nehme sie schon noch als Wochenenden wahr, doch die Vorfreude auf das Wochenende ist nicht mehr gegeben. Bislang war für mich der Freitagabend der schönste Abend der Woche. Das ganze Wochenende lag noch vor mir.

In der Sportstunde fragt mich die Übungsleiterin unverhofft nach den Ferienterminen. Jahrelang konnte ich Auskunft geben. Doch nun im Rentner-Dasein muss ich passen. Zum Glück konnte meine Sportfreundin aushelfen, die noch im Schuldienst ist. Sofort trage ich die Ferientermine dick in meinen Terminplaner ein. In den Ferien sind die Schulen geschlossen, so dass für mich relevante Veranstaltungen nicht stattfinden. Kein Sport, kein Saxophon-Unterricht.

Dann stelle ich fest, dass ich unangenehme Dinge gerne auf später vertage. Und das mir. Ich, die immer alles zeitnah erledigt hat, ertappe mich dabei, wie ich Hausarbeiten gerne auf morgen verschiebe.

Bisher habe ich den wöchentlichen Einkauf nach der Schule durchgeführt. Da wurde der Einkaufszettel abgearbeitet und alles war erledigt. Nun fahre ich zum Einkaufen gerne mal mit dem Rad - gerade so, wie es auskommt. Verstärkt gehe ich zum Markt in die Stadt, um dort Obst und Gemüse zu besorgen. Hinzu kommt, dass der Markt sich mittlerweile zu einem Treffpunkt entwickelt hat, wo man

Bekannte trifft, Neuigkeiten austauscht und gelegentlich einen Kaffee zusammen trinkt.

Die Auswirkungen des etwas unkoordinierten Einkaufs führen dazu, dass am Wochenende schon mal das eine oder andere fehlt. Aber ich denke, es wird sich alles noch einspielen.

Rentner haben nie Zeit

In meinem kurzen Rentner-Dasein werde ich häufig mit der Aussage konfrontiert: Rentner haben nie Zeit. So ganz kann ich das nicht nachvollziehen und ich habe auch meine Zweifel, ob diese Aussage nicht etwas übertrieben ist.

„Warte mal ab", meinte eine Bekannte, die ich letztens beim Einkauf traf, „du wirst es noch früh genug feststellen." Mit voller Überzeugung versuchte sie mir klar zu machen, wie „busy" sie als Rentnerin sei. Auf meine Nachfrage, was denn so „busy" sei, zählte sie mir ihre Arzt-, Sport- und Kaffeetermine auf. So ganz überzeugte sie mich damit nicht und irgendwie bestärkte mich der Gedanke, dass Rentner-Innen unter dem Druck stehen, anderen möglichst viele Termine aufzuzählen, um zu vermitteln, wie aktiv sie sind.

Es ist wohl nicht so ganz angenehm, als Rentner einzugestehen, nichts zu tun zu haben, Zeit zu haben. Da könnte die Gefahr bestehen, für andere nicht interessant, schlimmstenfalls langweilig zu sein. Ich bin gespannt, wie es mir ergehen wird. Ich hoffe nicht, dass die Anzahl meiner Termine ein Indiz für meine Akzeptanz sein wird.

Da fand ich doch die Aussage eines befreundeten Frührentners sympathisch, der ganz unaufgeregt feststellte:

„Es ist doch auch ganz schön, mal nichts zu tun."

Ich bin dann mal weg

Für mich war klar, wenn ich aus dem Schuldienst raus bin, gehe ich den Camino – den Camino de Santiago. Den Weg, den Hape Kerkeling gewandert ist und in seinem Buch "Ich bin dann mal weg" beschrieben hat. Ich will nicht die ganze Strecke gehen, doch ein gutes Stück. Mich interessiert, ob ich die Herausforderung schaffe, jeden Tag ungefähr 25 Kilometer zu laufen. Mich interessiert, ob und was dieser Weg mit mir macht.

Mein Mann wird mein " Begleitfahrer" sein, der sich um die Übernachtungen und die Logistik kümmert. Er möchte den Weg nicht laufen. Dafür wird er sein Rad mitnehmen und radelnd die Gegend erkunden.

Nach meinen Abschied aus der Schule haben wir mit den Vorbereitungen angefangen. Beide haben wir versucht, spanisch zu lernen. Ich habe mir die gängigen Redewendungen herausgesucht, die ich – wie ich meine – bei meiner Wanderung brauche. Wie heißt du? Woher kommst du ? Wie viele Kilometer sind es bis zum nächsten Ort? Wo ist das nächste Krankenhaus?

Dann habe ich mir Wanderschuhe und Wandersocken besorgt und diese auf Walkerstrecken in der Umgebung eingelaufen. Auf der Schulabschiedsfeier hat mir mein Kollegium einen Rucksack voll mit

Blasenpflaster, Druckstellenpflaster und Fußsalben geschenkt. Alle Sachen habe ich gut verstaut, so dass "fußmäßig" eigentlich nichts mehr schief gehen kann.

Die Vorbereitungen laufen gut. Unsere Sachen sind gepackt, mit dem Auto noch mal zum Check in die Werkstatt und dann kann es losgehen. Drei bis vier Wochen haben wir für unsere Reise eingeplant. Drei bis vier Wochen – und das während der Schulzeit. Und ohne schlechtes Gewissen.

Einfach so – bin ich mal weg.

Buen camino!

Claus und Elvira Aßmus

Als ich mein Rentendasein zu lieben begann

...geboren in Wilhelmshaven, studierte er nach seiner Offizierslauf-bahn bei der Marine Medizin in Marburg, um nach dem Examen eine Landarztpraxis in Ostfriesland zu betreiben. Seine Frau Elvira unter-stützte ihn über den gesamten Zeitraum. Zusammen genießen sie jetzt ihren Ruhestand.

Als ich mich selbst zu lieben begann, habe ich aufgehört, mich nach einem anderen Leben zu sehnen.

Charlie Chaplin

Prolog

Als ich gefragt wurde, ob ich etwas über mein Rentendasein schreiben wolle, wie ich den Eintritt in diesen Abschnitt erlebt habe, welche Gefühle ich dabei gehabt habe und wie der Verlauf gewesen sei, ist mir nach längerer Überlegung die obige Überschrift eingefallen. Sie ist der abgewandelte Titel eines Gedichtes von Charlie Chaplin zu seinem 70. Geburtstag 1959 (Als ich mich selbst zu lieben begann).

Übrigens sehr lesenswert, auch wegen der Weisheiten, die aus diesem Gedicht hervor gehen. Jeder sollte sich überlegen, ob das nicht das LEBEN ist.

Was war

Nun zu meiner Geschichte: Ich habe über 30 Jahre als Landarzt in Ostfriesland in einer großen Einzelpraxis gearbeitet. Jeden Tag ca. 12 bis 14 Stunden plus Wochenenddienst. Ich habe gerne gearbeitet. Der Kontakt zu meinen Patienten und deren Familien hat mir immer gut gefallen. Die Hausbesuche waren sehr aufschlussreich. Wer kommt schon zu jeder Tages- und Nachtzeit zu fremden Personen ins Haus, wer kann sehen, wie seine Mitmenschen leben, wer noch im Haus das Leben bestimmt, von denen wir nicht wissen.

Das leise Abschiednehmen

Im Lauf der Jahre, als auch ich älter wurde, reifte der Wunsch, die geliebte Arbeit zu beenden. Also habe ich ab Mitte 50 gesagt: Wenn ich 60 bin, höre ich auf. Leider habe ich das auch laut geäußert. Ab dann rätselten meine Patienten, wie alt ich sei und wann ich aufhöre. Sie haben es nicht erraten.

Ich habe viele Jahre vor Beendigung meiner Arbeit versucht, einen Nachfolger für die Praxis zu finden. Bundesweit, landesweit und im Umkreis.

Ergebnis: Null, ohne Erfolg.

Also habe ich mich entschlossen, Mitte 2013 die Praxis zu schließen. Ich wollte bei immer noch steigender Patientenzahl nicht mehr fremdbestimmt sein.

Gesagt, getan.

Der Abschied ist mir nicht leicht gefallen. Da ich mich aber vorher gedanklich damit auseinandergesetzt hatte, war das für mich kein großes Problem.

Für meine Frau schon.

Die andere Seite – Gefühle der Ehefrau

Ja. Es ist schon ein Einschnitt, wenn der Arbeitsplatz aufgelöst wird und man (Frau) mit knapp 60 Jahren arbeitslos wird. Meine Hoffnung war bis zum Schluss, dass jemand um die Ecke kommt und in die Praxis mit einsteigen möchte...

Eine Arbeitsteilung, und damit verbunden eine Entlastung meines Mannes, wäre die ideale Lösung gewesen. Aber die Lösung gab es nicht

Die Abwicklung der Praxis war für uns zwar noch mit viel Arbeit und Engagement verbunden, aber die intensive Basisarbeit mit den Patienten und Mitarbeiterinnen fiel weg. Alle unsere lieben Patienten, die uns viele Jahre die Treue hielten, wie auch unsere sehr engagierten Helferinnen – sie waren ein sehr wichtiger Teil der Praxis – waren nun nicht mehr da.

Es gab sehr emotionale Momente, als die Patienten ihre Unterlagen abholten und sich mit guten Wünschen und Geschenken bedankten und verabschiedeten. Die Praxisaufgabe wurde also nicht nur von mir bedauert.

Nun galt es sich neu zu orientieren. Wir haben unseren Terminkalender neu gestaltet: Rudern, Reisen, Aufenthalte auf Borkum und Einladungen an liebe Freunde und Familienmitglieder rückten nun in den Vordergrund. So allmählich habe ich mich auch mit diesen Bedingungen angefreundet. Sobald ich heute ehemalige Patienten treffe, komme ich ganz schnell wieder in viele nette Gespräche.

Es gab aber auch im Jahre 2015 Momente, (als mein Mann erkrankte), da war ich heilfroh, dass ich mich nicht mehr um Praxisorganisation und – abwicklung kümmern musste.

Aus heutiger Sicht haben wir alle Entscheidungen richtig getroffen und ich bin froh, dass wir unseren Ruhestand häufig gemeinsam genießen und verbringen können. Aber ebenso wichtig wie das Gemeinsame ist für mich, dass auch jeder seine Freiräume behält und eigene Aktivitäten umsetzen kann.

Hoffentlich haben wir noch viele schöne, unbeschwerte, angenehme gemeinsame Jahre vor uns.

Neuorientierung

Für die ersten Wochen der neu gewonnen Freiheit hatte ich mir einen Arbeitsplan zurecht gelegt, was ich alles tun wollte.

Hat aber nicht so funktioniert. Die Neuorientierung war schwierig.

Was soll ich denn jetzt mit der ganzen freien Zeit anfangen? Für mich hieß das erst einmal: Das tägliche Leben neu strukturieren! Aufstehen 7.30 Uhr. Frühstück, Zeitung lesen, ab 09.00 Uhr tätig werden, womit auch immer.

Das war schon ein guter Anfang.

Endlich konnte ich meine Hobbys in Ruhe pflegen: Musik machen, Sport treiben (Rudern), als Übungsleiter und Vortragender im Behindertensport tätig sein, Haus und Garten in Schuss halten und verreisen, ohne auf Patienten achten zu müssen.

Es war ein angenehmes, ungewohntes Leben so ohne Verpflichtungen!!!

Arbeitsversuch

Für die Praxis fand sich nach einem Jahr doch noch ein Nachfolger. Als er eines Tages schwer erkrankte, bat er mich, seine Vertretung zu übernehmen.

Ich wollte nur 2 Stunden am Vormittag arbeiten. Am Montag konnte ich den Zeitplan noch einhalten. Bis Freitag hatte sich herumgesprochen, dass ich wieder da sei. Von da an war die Praxis genauso voll wie zu früheren Zeiten! Nach einer Woche habe ich die Notbremse gezogen und das Feld geräumt.

Das Rentendasein war besser!!

Auszeit

Im Frühjahr 2015 wurde bei mir eine gutartige Geschwulst im Herzen festgestellt, die operiert werden musste. Das fand im September statt, natürlich mit allen Komplikationen, die einem als Arzt passieren können.

Endergebnis: 6 Monate Auszeit!

Was für ein Glück, dass ich keine Praxis mehr „am Halse" hatte.

Inzwischen bin ich wieder voll einsatzfähig, d.h. keine Einschränkungen von Seiten des Herzens.

Zur Hochzeit unseres Sohnes mit seiner Frau, einer Australierin, reisten wir dann für vier Wochen dorthin, besuchten Adelaide, Sydney und Melbourne sowie die Schwiegereltern unseres Sohnes. Es war eine tolle Reise. Mit Praxis wäre das unmöglich gewesen.

Ausblick

Rudern, Sport, Reisen, Musik machen, Haus und Garten pflegen, das sind heute meine neuen Lebensinhalte.

Ich bin zufrieden!!!

Die Arbeit als Arzt fehlt nicht. Sie war schön, aber nun ist Schluss.

Es ist gut von meinen Patienten zu hören, dass sie mich vermissen. Sie haben aber auch Verständnis dafür, dass ich aufgehört habe. Das bestätigt mich darin, es richtig gemacht zu haben.

Leider ist die Praxis nach dem akuten Tod meines Nachfolgers nicht wieder zu besetzen.

Zusammenfassend kann ich nur sagen:

Wer beabsichtigt in den Ruhestand zu gehen, muss vorher gut überlegen, was er dann machen will. Seinen Tagesablauf neu zu strukturieren, sich Hobbys und Beschäftigungen suchen – damit kann man gar nicht früh genug beginnen. Man sollte aber auf jeden Fall vor Beginn dieses neuen Lebensabschnitts damit anfangen. Solche Überlegungen erst mit dem Eintritt ins Rentenleben anzustellen, könnte mühsam werden, weil man entweder körperlich nicht mehr fit oder mental eingeschränkt ist. Häufig kommt hinzu, dass der Partner alle Aufmerksamkeit durch sein Leben oder auch seine Krankheit beansprucht.

Ich glaube den Absprung aus der Arbeitswelt gut gemeistert zu haben.

Mein Helfersyndrom habe ich immer noch, aber ich hole es nur selten hervor.

Mein Leben war früher durch die Arbeit gut strukturiert und das war auch dringend notwendig, weil sonst die Arbeit nicht geschafft worden wäre. Jetzt ist der Tagesablauf anders: Ich kann es mir erlauben, morgens einkaufen zu gehen und die Zeit mit ehemaligen Patienten, die ich dort treffe, zu verplaudern, ohne unter Zeitdruck zu stehen. Ich genieße das auch, habe ich doch jetzt mehr Zeit für sie, weil kein volles Wartezimmer drückt.

Der Abschied

Als der Entschluss feststand aufzuhören, haben wir das in der Praxis bekannt gegeben und die Patienten gebeten, sich zu melden, wenn sie ihre Unterlagen für den neuen Hausarzt haben wollten. Fast alle Patienten baten um die eigenen Unterlagen, so dass meine Frau und ich viele Wochenenden von Freitagmittag bis Sonntagabend in der Praxis Unterlagen nachgesehen, wichtige Befunde aussortiert, Umschläge geschrieben und alphabetisch geordnet haben. Es war eine überaus umfangreiche Arbeit.

Dann kam der letzte Tag.

Nach einem Sektumtrunk mit den Angestellten haben wir mittags die Praxis abgeschlossen. Den Termin zur Abgabe der Unterlagen hatten wir bekannt gegeben. Der Ansturm an diesem Tag war überwältigend. Es gab lange Schlangen und die ehemaligen Patienten warteten geduldig zum Teil stundenlang vor der Praxis.

Viele haben sich mit guten Wünschen, Umarmungen, ja Tränen in den Augen verabschiedet. Die Masse an Geschenken war nicht zu toppen. Der Abgabetermin war auf drei Stunden berechnet. Es wurden 7 Stunden an einem Tag daraus. Also noch einen Tag anhängen. Bei dem neuen Termin dauerte es noch einmal 5 Stunden.

Dann war es geschafft!!!

Die Dankbarkeit, die uns entgegengebracht wurde, war überwältigend und anrührend. Wir konnten wohl in den über 30 Jahren nicht viel falsch gemacht haben.

Résumée

Ich begann mein Rentnerdasein zu lieben, als ich feststellte,

- dass ich nicht mehr jeden Morgen sehr früh aufstehen musste,

- dass ich mehr Zeit zum Frühstücken und Zeitung lesen hatte,

- dass ich mehr Zeit hatte, in Ruhe ein Buch lesen zu können,

- dass ich auch mal vormittags durch den Ort, zum Beispiel zur Bank oder Post gehen konnte, ohne schlechtes Gewissen zu haben, bei einem Notfall nicht greifbar zu sein,

- dass ich bei Einkäufen in Leer oder Papenburg nicht mehr auf dringende Fälle reagieren musste,

- dass ich meine Zeit selbst einteilen konnte und nicht mehr fremdbestimmt war,

- dass ich nachts nicht mehr durch Telefonate oder gar unnötige Behandlungen und Besuche gestört wurde,

- dass ich ohne Zeitdruck Sport treiben konnte,

- dass ich auch mal ein Glas Wein trinken durfte, ohne auf Patienten Rücksicht nehmen zu müssen – z. B. wegen der Autofahrten aus Anlass von Hausbesuchen,

- dass das Leben ruhiger, aber trotzdem strukturiert war.

Und dass ich bei Einkäufen mit meinen lieben "alten" Patienten auch jenseits akuter Erkrankungen über andere Themen reden kann – das ist heute noch eine Wohltat. Genauso wie der Umstand, dass ich zusammen mit meiner Frau unsere Kinder jederzeit besuchen kann, ohne für Vertretung in der Praxis sorgen zu müssen.

So habe ich mir das Rentnerleben immer vorgestellt!!

Ich bin zufrieden damit und hoffe, auch möglichst lange noch in Gesundheit alles tun zu können, was ich für mich tun möchte, und mit meiner Frau die Unternehmungen durchzuführen, an denen wir Spaß haben.

In dem eingangs erwähnten Gedicht von Charlie Chaplin finde ich deshalb mein heutiges Lebensgefühl treffend geschildert:

Als ich mich selbst zu lieben begann,
konnte ich erkennen, dass emotionaler Schmerz und Leid
nur Warnungen für mich sind,
gegen meine eigene Wahrheit zu leben.
Heute weiß ich:
Das nennt man AUTHENTISCH SEIN.

Als ich mich selbst zu lieben begann,
verstand ich, wie sehr es jemanden beeinträchtigen kann,
wenn ich versuche, diesem Menschen
meine Wünsche aufzuzwingen,
auch wenn ich eigentlich weiß,
dass der Zeitpunkt nicht stimmt und dieser Mensch nicht dazu bereit
ist - und das gilt auch,
wenn dieser Mensch ich selber bin.
Heute weiß ich:
Das nennt man RESPEKT.

Als ich mich selbst zu lieben begann,
habe ich aufgehört,
mich nach einem anderen Leben zu sehnen
und konnte sehen, dass alles um mich herum
eine Aufforderung zum Wachsen war.
Heute weiß ich:
Das nennt man REIFE.

Als ich mich selbst zu lieben begann,
habe ich verstanden,
dass ich immer und bei jeder Gelegenheit,
zur richtigen Zeit am richtigen Ort bin
und dass alles, was geschieht, richtig ist -
von da an konnte ich gelassen sein.

Heute weiß ich:
Das nennt man SELBSTVERTRAUEN.

Als ich mich selbst zu lieben begann,
habe ich aufgehört, mich meiner freien Zeit zu berauben,
und ich habe aufgehört,
weiter grandiose Projekte für die Zukunft zu entwerfen.
Heute mache ich nur das, was mir Spaß und Freude macht,
was ich liebe und was mein Herz zum Lachen bringt,
auf meine eigene Art und Weise und in meinem Tempo.
Heute weiß ich:
Das nennt man EINFACHHEIT.

Als ich mich selbst zu lieben begann,
habe ich mich von allem befreit,
was nicht gesund für mich war,
von Speisen, Menschen, Dingen, Situationen
und von Allem, das mich immer wieder hinunterzog,
weg von mir selbst.
Anfangs nannte ich das "Gesunden Egoismus",
aber heute weiß ich:
Das ist SELBSTLIEBE.

Als ich mich selbst zu lieben begann,
habe ich aufgehört, immer recht haben zu wollen,
so habe ich mich weniger geirrt.
Heute habe ich erkannt:
Das nennt man BESCHEIDENHEIT.

Als ich mich selbst zu lieben begann,
habe ich mich geweigert,
weiter in der Vergangenheit zu leben
und mich um meine Zukunft zu sorgen.
Jetzt lebe ich nur noch in diesem Augenblick,

wo ALLES stattfindet,
so lebe ich heute jeden Tag
und nenne es ERFÜLLUNG.

Als ich mich zu lieben begann,
da erkannte ich, dass mich mein Denken
armselig und krank machen kann.
Doch als ich es mit meinem Herzen verbunden hatte,
wurde mein Verstand ein wertvoller Verbündeter.
Diese Verbindung nenne ich heute
WEISHEIT DES HERZENS.

Wir brauchen uns nicht weiter vor
Auseinandersetzungen, Konflikten und Problemen
mit uns selbst und anderen fürchten,
denn sogar Sterne knallen manchmal aufeinander
und es entstehen neue Welten.
Heute weiß ich:

DAS IST DAS LEBEN!

Martin Hehl

Das Leben als Priverent

Martin Hehl
Jahrgang 1950
Naturwissenschaftler
Industrie-Manager
jetzt Priverent

Wer Alter gleichsetzt mit Passivität und Abbau von Fähigkeiten, hat ein fal-sches Bild vom Altwerden und Altsein.
Die schöpferischen Impulse des Menschen sind nicht an seine Lebensjahre gebunden.

Hannelore Rönsch

Traum-Job ... oder Albtraum-Job?

Es war um die Jahrtausendwende. Da saß ich an meinem Arbeitsplatz in Bonn bei der IVG Aktiengesellschaft vor meinem Bildschirm bis ich merkte, dass er dunkel war. Ich hatte meinen Büro-PC nicht eingeschaltet. Ich musste wohl schon eine ganze Weile so in mich versunken dort gesessen haben. Schlagartig wurde mir bewusst: Ich durfte hier nicht weiter arbeiten. Ich musste weg, sonst würde ich hier verrückt werden... krank... depressiv.

Doch das war nicht so einfach. Die IVG war bereits meine soundsovielte Station, um aus meinem in der Sackgasse befindlichen Berufsleben doch noch etwas zu machen. Ein weiterer Tiefschlag summierte sich zu denjenigen, die ich bereits in der letzten Zeit eingesteckt hatte.

Einige Jahre vorher hatte ich meinen 'Traum-Job' leichtsinnig verspielt. So würden jedenfalls die meisten urteilen. Er befand sich in einer höheren Etage eines soliden Unternehmens. Mehr will ich hier nicht sagen... wer weiß…

Bei der IVG ist es unverfänglich – es gibt sie nicht mehr, sie ist pleite.

Aber war es wirklich mein Traum-Job gewesen? Zumindest träumen wohl viele davon: eine geregelte, gut bezahlte Arbeit mit viel Freiraum. Aber war *ich* es, der da auf dem Chef-Sessel saß? Ich war doch gar kein Chef! Ich hatte die Welt doch noch gar nicht verstanden. Ich war auf einer Spielwiese gelandet – Spielwiese des Kapitals. Eine Nummer im Räderwerk der Wirtschaft. Wobei – ich hatte schon eine wichtige Funktion, ich war auch durchaus erfolgreich. Aber das war nicht *ich*. Diesen Job hatte ich mit Fleiß, mit Ehrgeiz, mit Intelligenz und Kreativität gewonnen und ausgefüllt. Aber nicht mit *mir*. Ich konnte es – ja; aber ich *war* es nicht, der da saß und 50 Stunden die Woche arbeitete. Es war mein Pflichtgefühl. Die Pflicht, eine 5-köpfige Familie zu ernähren. Für sie ein Haus zu bauen, für sie Urlaube zu organisieren, mit ihnen Geburtstage und Weihnachten und andere Feste zu feiern.

Und jetzt – 20 Jahre später – bin ich Priverent.

Priverent ist übrigens meine eigene Wortschöpfung.

Den Begriff Rentner vermeide ich; ich finde ihn diskriminierend. In unserer Gesellschaft wird er oft gleichgesetzt mit Begriffen wie 'alt' und 'leistungsschwach' oder er ist eine Umschreibung von: „macht nicht mehr mit" bzw. „Nutznießer der sozialen Wohlfahrt".

Privatier ist schon besser… wobei – auch dieser Begriff ist nicht wirklich wertfrei, fallen darunter doch eher solche Menschen, die durch Erbschaft oder Glück – also wahrscheinlich unverdient – zu Geld gekommen sind. Bei ihnen liegt der Fokus auf der finanziellen Seite.

Ein Weiser – ja warum nicht? Aber auch hier gibt es Grenzen: Ist das nicht einer, der hinterm Berg in einer Hütte oder Höhle lebt und am normalen Leben gar nicht mehr teil nimmt? Ein Sonderling?

Ein neues Wort muss her: Priverent – meine Kombination aus Privatier und Rentner! Und ein bisschen Privileg ist auch noch drin.

Ein schönes Leben alleine reicht nicht

Aber ich muss nochmal zurück zu der Zeit, als die Welt noch in Ordnung war – scheinbar. Als ich diesen Traum-Job hatte.

In dieser Zeit habe ich mich – zumindest oberflächlich – sehr wohl gefühlt. Es war eine schöne Phase meines Lebens. Ich war Vater und Vorsteher einer Familie, ich war Direktor einer Fabrik, ich konnte mir sogar noch obendrein ein kleines Hobby leisten – die Musik.

Ich war aber in einer Rolle. Das mit der Rolle habe ich natürlich erst viel später realisiert. Wie sollte es auch anders sein? Wie sollte einem etwas auffallen, was man noch gar nicht kennengelernt hat? Wie sollte mir klar werden, dass ich gar nicht der selbstbestimmte Mensch war, der da handelte, sondern eher ein Antrainierter, der hier Aufgaben erledigte und Verhaltensweisen an den Tag legte, die ihm von den Eltern – oder überhaupt von den letzten Generationen – mit auf den Weg gegeben wurden. „Hier mein Sohn – so läuft das Leben. So und so musst Du es machen, dann wird was aus Dir! Dann wirst Du ein erfolgreicher Mensch. Durchbeißen! Fleiß! Ehrgeiz! Nach Höherem streben! Die Aufstiegschancen erkennen! Mitmachen!"

Das ist ja alles richtig – danke liebe Vorfahren. Aber es reicht nicht. Da fehlt noch etwas. Da fehle *ich*. Die dazu notwendige Lektion habt Ihr mir nicht vermittelt, Ihr habt sie ja selbst nicht gekannt. Eine lange Abfolge von Generation zu Generation meiner Ahnen sehe ich da und alle sind wohl an diese Leistungserfüllung gekettet. Aber jede dieser Generationen muss doch auch eine Sehnsucht nach der anderen Seite gehabt haben. Was haben sie damit gemacht? Wie haben sie ihre Erfüllung bekommen? Oder haben sie diese Seite verdrängt und verleugnet?

Zwei Gefühlswallungen überkommen mich:

Den Ärger auf die Vernachlässigung dieses wichtigen Themas durch meine Eltern, verbunden mit meinem Selbstmitleid, dass *ich* mit dieser Aufgabe alleine gelassen wurde:

„Lieber Sohn, wir haben keine Ahnung, wie man ein ausgewogenes und selbstzentriertes Leben führt; Du musst es schon alleine heraus finden!"

Und auf der anderen Seite ein tiefes Mitgefühl mit meinen Ahnen, die in diesem Punkt dem Leiden, der Nicht-Erfüllung und der damit verbundenen Sehnsucht ja ebenfalls ausgesetzt waren.

Was hat das alles mit dem Dasein als Priverent zu tun?

Gegenfrage: Geht es auch anders? Kann man die Lösung des geschilderten Problems finden, kann man die dazu notwendige Erkenntnis gewinnen, ohne Priverent zu sein? Ohne die Freiheit, ohne die Lebenserfahrung, ohne die Zeit, ohne den Drang seiner biologischen Uhr? Ich kann es mir nicht vorstellen.

Priverent ist ein Privileg…was man aber nicht geschenkt bekommt, was man sich vielmehr erarbeiten muss – so sehe ich es jedenfalls und das gilt für mich. Ich war kein Glücksritter, der dann zum Privatier mutierte. Das Dasein als Priverent musste ich mir verdienen, erkämpfen. Und selbst wenn man es geschenkt bekäme, dann wäre es zu nichts nutze; denn es sind die vielen Lektionen, die gelernt werden wollen und nur diese Lektionen vermitteln die Fähigkeiten mit denen man dann als Priverent umgehen kann.

Übrigens – ich will das jetzt nicht als den konkurrenzlos besten Weg darstellen. Priverent *kann* man werden, *muss* man aber nicht. Vielleicht ist es anders sogar schöner, z.B. als Rentner. Zweimal im Jahr auf die Aida mit dem Lebenspartner dazu eine geführte Busreise durch die Mongolei usw. Das soll jetzt keine Ironie sein … ich meine das durchaus ernst. Wenn das die Erfüllung ist, dann nur zu.

Oder die Enkelkinder betreuen, endlich nicht mehr streng sein müssen.

Oder das Kulturprogramm … Sie verstehen schon, was ich sagen will: das Leben eben genießen.

Ich kann das nicht – jedenfalls jetzt nicht. Das erfüllt mich nicht. Vielleicht muss ich immer noch etwas leisten. Vielleicht ist das genau mein Lebensweg, vielleicht finde ich gerade jetzt den Sinn in meinem Leben. Vielleicht ist es auch eines der letzten Kapitel meines Lebens. Vor einigen Jahren habe ich behauptet, ich sei in der dritten Lebensphase. Die erste – das ist das Aufwachsen, die Kindheit, das Lernen von der Schule bis zum Studium. Dann – die zweite Phase - das ist die Schaffenszeit: arbeiten, Geld verdienen, Familie gründen, Kinder erziehen. Und daran schließt sich die dritte Phase an, von der ich gerade

erzähle, bei mir eben die als Priverent. Es könnte noch eine vierte geben… ich weiß es noch nicht. Ich stelle sie mir vor als Annäherung an
den Tod. Das Verabschieden vom Leben und die Hinwendung zum…
ja wohin?

Aber ich möchte jetzt lieber noch etwas ausführlicher schildern,
was ich alles erlebt habe, was ich durchschritten habe, bevor ich…
nein, ich sollte besser sagen: *um* Priverent zu werden.

Die Lawine

1996 begannen die sieben dunklen Jahre. Mein Vater starb in diesem Jahr – ein Zeichen? Aber diese zeitliche Übereinstimmung ist mir
erst später aufgefallen. Und ich begann, meinen Traum-Job aufs Spiel
zu setzen – erfolgreich. Unbedarft ins Ungewisse, so kann man es
nennen. Aber ich hatte ja Erfahrung und Erfolg. Früher hatte ich immer nur *eine* Bewerbung geschrieben – dann hatte ich den Job. Aber
jetzt waren es hundert Bewerbungen. Und jetzt waren keine 'alten Ha-
sen' wie ich gefragt, sondern junge Prädikats-Abgänger von der Universität. Ich sollte mich – mit Anfang 50 – einem 28-Jährigen unter-
ordnen? Niemals!

Also habe ich mich selbständig gemacht. Damals gab es noch ein
großzügiges Übergangsgeld vom Arbeitsamt. Zwei Jahre lang habe ich
versucht, ein eigenes Geschäft aufzubauen: eine Dienstleistung hinsichtlich Umweltschutz und Einhaltung von staatlichen Genehmigun-
gen. Das Resultat kann ich kurz formulieren: Ich habe es nicht geschafft.

Dann habe ich mich wieder als Angestellter beworben. Noch einmal hundert Bewerbungen. Da gab es ein lukratives Angebot aus Heilbronn – ich kann mich noch sehr gut daran erinnern. Es scheiterte an meiner Ehefrau. Sie sagte dem Eigentümer und Geschäftsführer direkt ins Gesicht, dass sie dort nicht hinziehen würde.

Allmählich wurde ich dünnhäutiger. Meinen Kindern wurde ich fremd. Als Ehemann und Vater funktionierte ich einfach nicht mehr so wie früher. Der Druck, der auf mir lastete, war unerträglich geworden. Ich *musste* Geld verdienen, sonst würden wir unseren Lebensstandard mit eigenem Haus, drei Kindern und einer Ehefrau, die bis jetzt nicht arbeiten musste, nicht mehr halten können. Also bewarb ich mich in einer dritten Runde. Diesmal klappte es – die IVG in Bonn suchte einen Manager, der den Bereich Chemie-Logistik aufbauen sollte. Super – dachte ich und betrat den Weg zum größten beruflichen Reinfall meines Lebens.

Ein Jahr später dann der erste Black-out – so will ich es mal nennen. Der schwarze Bildschirm – ich habe es schon zu Beginn geschildert. Ich muss weg hier…Flucht…Depression. Ich kenne Depressionen; ich hatte schon die eine oder andere. Bei mir ist es nicht ganz so dramatisch – sie ist nicht lebensbedrohlich. Ich gehe nur unter…und muss zusehen, dass ich wieder an die Oberfläche komme. Alles andere ist mir egal! Meine Psyche hat sich abgeschaltet. Also liege ich in meinem Bett und leide – drei Monate lang. Ich rasiere mich nicht; ich laufe im Haus im Bademantel herum. Ich geniere mich vor meiner Frau und meinen Kindern. Aber sie lassen mich in Ruhe…oder ignorieren sie mich? Die Nächte sind übel. Eines Nachts träume ich, dass ich oben auf einer riesigen Schutthalde stehe. Dann fängt sie an zu rutschen. Ich rutsche mit ihr. Wie auf einer Lawine rausche ich nach unten. Die erhabene Stellung ist dahin. Ich bin am Boden. Im Traum und in meinem Leben. Es gibt den Manager nicht mehr, auch nicht den Familienvater, auch nicht den Ehemann. Der Vogel stirbt.

Jetzt – wo es mich nicht mehr gibt – kann ich alles tun: Ich kann eine Tätigkeit anfangen, die mir liegt. Ich kann mich von meiner Ehefrau trennen und eine wahrhaftige Liebe suchen. Ich kann das Haus verkaufen, weil ich dieses Symbol von Rechtschaffenheit nicht mehr benötige. Der Phönix ist wieder auferstanden.

Die Entdeckungsreise

Von 1996 bis 2003 – sieben magere Jahre. Sie sind vorbei – es geht wieder aufwärts. Ich gründe mit Kollegen eine Firma zur SAP-Beratung. Hier kann ich das einbringen, was ich wirklich kann: Menschen zusammenbringen, vermitteln, Geschäfte einfädeln. Ich bin einigermaßen erfolgreich. Nach einigen Jahren kann ich meine Anteile an der Firma verkaufen. Das ist dann meine Fahrkarte in die finanzielle Unabhängigkeit.

Viel wichtiger sind jedoch die anderen Lektionen, die ich in den nächsten Jahren lernen werde: Emotionalität, die Gefühlswelt... ich wusste gar nicht, wie sehr sie mir fehlte. Frauen begleiten mein Leben und lehren es mich. Meine Nichte gibt mir Unterricht in Empathie. Spiritualität: Ich lerne neue Religionen kennen. Zwei Jahre lang gehe ich mit Buddhisten auf dem Diamantweg.

Und es wird immer mehr. Je mehr ich erkenne, umso weiter wird das Feld. Es gibt keine Grenzen mehr außerhalb von mir – die einzige

Grenze bin ich… was ich leisten kann, was ich erkennen kann, welche Hindernisse ich in mir selbst beseitigen kann.

Meine Interessengebiete sind unter anderem die Psychologie, Philosophie, Religion und die Geschichte der Menschheit. Diese Themen haben mich schon immer beschäftigt. Dem liegt bei mir wohl der Gedanke zugrunde, das *Warum* zu erfahren. Warum bin ich so geworden, wie ich bin? Warum reagiere ich in bestimmten Situationen so unvernünftig? Warum habe ich das Verhalten meiner Eltern nie verstanden? Welcher Glaubensform kann ich mich anschließen? Und wenn ich mich dann selbst verstanden habe, dann kann ich auch versuchen, andere zu verstehen.

Das klingt jetzt nach einer rein kognitiven Angelegenheit. So ist es aber nicht. Denn was zunächst wie eine wissenschaftliche Aufgabenstellung aussieht, verändert sich dadurch, dass man die Antworten letztendlich nicht aus den Büchern erfährt, sondern indem man sich mit Menschen auseinandersetzt, die einem zu den Antworten führen können. Oder auch solchen, die die ursprünglichen Fragestellungen verändern. Letztlich ist es eine therapeutische Erfahrung. Das Wort 'therapeutisch' klingt in unserer Gesellschaft immer noch ein wenig anrüchig; aber ist nicht das ganze Leben der Versuch einer Selbstheilung – eben einer Art Therapie? Und brauchen nicht vor allem diejenigen Menschen eine Therapie, die selber Therapeut sind? Auch ich bin ein solcher: Ich bin Coach für Schematherapie und nlp practitioner. Diese Ausbildungen habe ich gemacht… und noch Einiges mehr. In erster Linie um mich selbst zu verstehen. Für mich ist es immer wieder ein beglückendes Erleben, wenn ein Licht in mir aufgeht und ich dann in einen bisher dunklen Bereich meines Selbst blicken kann.

Dass ich dann die Menschen um mich herum ebenfalls besser verstehe – und dann vielleicht auch eher mit ihnen umgehen kann – ergibt sich von selbst.

Und habe ich nicht in meiner eigenen Familie schon als Kind beobachtet, wie hilflos meine Eltern miteinander umgegangen sind? Wie Mutter und Vater in ganz unterschiedlichen Welten gelebt haben? Und statt einen Versuch zu starten, sich besser zu verstehen, haben sie sich immer weiter voneinander entfernt. Und ist das nicht typisch für die gesamte Generation meiner Eltern; also denjenigen Menschen, die Anfang des zwanzigsten Jahrhunderts geboren wurden? Und ist diese Haltung nicht symbolisch für all das Gräuel, welches in den darauf folgenden Jahren stattfand: zwei Weltkriege und eine Vernichtungsmaschinerie, die Millionen Menschenleben kostete und eine Jahrhunderte alte Kultur zerstörte? Ist es da nicht nur sinnvoll, sondern auch notwendig danach zu fragen: Wie konnte das passieren? Warum passiert es immer wieder? Was hat das mit dem Mensch-Sein zu tun? Was hat das mit mir zu tun?

Wenn man diese Art Fragen für sich und damit für die ganze Welt beantworten will, braucht es intensive Zeit. Das ist mein wichtigster Satz.

Es kann nicht gut funktionieren, wenn man kleine Kinder zu versorgen hat… und auch nicht mit einem anstrengenden Beruf. Weil alle Sinne auf diese Entdeckungsreise fokussiert sein müssen… auf dieses Ziel. Wie immer es heißen mag, bei jedem wird es anders lauten. Ich will es mal ganz pauschal formulieren: es lautet: Was ist der Sinn? Und diese Frage stellt man sich normalerweise nicht am Anfang des Lebens und auch nicht in der Mitte. Ich habe es jedenfalls nicht getan, wobei ich natürlich jeden bewundere, der sich diese Frage schon früh in seinem Leben stellt. Aber am Ende drängt sie sich förmlich auf. Nicht bei allen – aber bei vielen. Und deswegen schreibe ich diesen Artikel hier… weil ich den Leser dazu ermuntern möchte, ebenfalls Priverent zu werden, damit er bzw. sie Zeit genug hat, den eigenen Sinn zu entdecken.

Ich habe es getan. Ich konnte nicht mehr in meinem Beruf – Naturwissenschaftler und Manager – arbeiten. So tun, als ginge alles immer so weiter. Und Priverent bin ich, seitdem die sieben dürren Jahre abgelaufen sind – seit 2003… da war ich 53 Jahre alt, also nun schon seit 17 Jahren. Und es füllt mich immer noch aus. Es ist das größte Geschenk, was ich mir machen konnte. Und ich kann es mir leisten.

Was kann ich mir leisten?

Letzteres – also das Leisten-Können – ist oft das größte Hindernis. Ich will hier über zwei Aspekte schreiben, die mich hinsichtlich dieses Begriffs beschäftigt haben. Da ist zunächst mal die finanzielle Seite. Die folgende Aussage habe ich schon von vielen Menschen vernommen:

„Ich würde so gerne aufhören zu arbeiten; meine Arbeit belastet mich, sie befriedigt mich nicht. Aber ich kann nicht aufhören – von irgendetwas muss ich ja leben."

Ich kann das sehr gut verstehen. Ich habe meinen Weg, wie ich es mache. Aber das bin halt ich… mit meinen geringen Ansprüchen… mit meinen Begabungen, die offensichtlich ganz gut in diese Welt passen… mit meinem Anteil am Glück, aber das wäre schon ein neues Kapitel.

Ich muss es mir aber nicht nur finanziell leisten können, ich muss mir auch die Frage stellen, ob ich mir ein solches Vorhaben in meiner gesellschaftlichen Verantwortung leisten kann. Oder anders gefragt: „Nutze ich die Gesellschaft und ihr System der sozialen Absicherung aus, wenn ich den Gedanken eines frühzeitigen Ausscheidens aus dem Arbeitsleben in die Tat umsetze?"

An dieser Stelle will ich versuchen, die drei Gedanken zu formulieren, die mich damals eine lange Zeit bewegt haben.

„Ich habe 20 Jahre gearbeitet und davor noch mal 20 Jahre Schule und Universität besucht. Das ist genug."

Allein die Zeitdauer wird es aber doch wohl nicht sein; denn wenn es eine befriedigende Arbeit ist oder war, dann wird man ihrer ja nicht ohne Weiteres überdrüssig.

„Ich werde gebraucht! Ich bin ein vollwertiges Mitglied der Gesellschaft; ich kann mich der Verantwortung nicht entziehen."

Das ist der entgegengesetzte Ansatz, mit dem man es sich selbst nicht erlaubt, mit der Arbeit aufzuhören. Wobei man sich dann auch diese Fragen stellen muss: Geht es mir um das Gefühl, gebraucht zu werden? Suche ich die Anerkennung? Bin ich wichtig genug?

„Kann ich mich nicht am besten im Sinne der Gesellschaft einbringen, wenn ich das mache, was ich gut kann und was mich erfüllt?"

Das leuchtet ein und hat mich letztlich überzeugt. Wobei ich davon ausgehe, dass wir alle soziale Wesen sind und Interesse daran haben, diese Welt für uns und unsere Kinder bzw. unsere Nachfahren zu erhalten und zu verbessern. Und wenn mir das Leben des Priverenten dafür am ehesten geeignet erscheint, dann *kann* ich diesen Weg gehen. Dann *darf* ich ihn auch gehen, weil die Gesellschaft meine Unterstützung bekommt, so gut wie ich es gerade kann. Und dann *muss* ich ihn gehen, um ein erfülltes Leben zu führen... um glücklich zu sein.

Was ist der Sinn?

Was fange ich an, wenn ich älter werde und nicht mehr arbeite... arbeiten muss?

Diese Frage stellen sich viele Menschen. Und da war es an mir, meine Geschichte aufzuschreiben. Was wäre passiert, wenn ich mit fünfzig – noch voll in meiner Lebenskrise steckend – einem Unfall zum Opfer gefallen oder lebensbedrohlich erkrankt wäre? Was hätte ich alles verpasst? Die wichtigste Zeit meines Lebens und auch die schönste, weil es jetzt erst – in dieser dritten Lebensphase - einen Sinn für mich ergibt. Und warum habe ich nicht früher diese Wende in meinem Leben vollziehen können? Warum muss man überhaupt durch diese schwierigen Zeiten? Das sind letztlich alles Fragen nach einem Lebenssinn. Nun bin ich kein Pastor oder Pfarrer und habe auch nicht vor, hier Glaubensfragen zu erörtern... obwohl ich Spaß daran hätte.

Mit steigendem Alter – und in diesem Artikel geht es ja genau darum – stellt sich aber gerade diese Frage nach dem Sinn. Denn... wenn das Leben keinen Sinn hätte, dann wäre es ja sinnlos und es wäre deswegen egal, wie man lebt. Ob *auf-Kosten-Anderer* oder *Leben-von-Tag-zu-Tag* oder *noch-alles-mitnehmen* oder *Geld-horten-für-alle-Fälle*.

Es hätte dann immer – davon bin ich überzeugt – etwas sehr Eigennütziges. Damit würde sich die Sinnlosigkeit als selbst erfüllende Prophezeiung bestätigen. Denn mit dem Tod erlischt auch die mit dieser Lebensform verbundene Zielsetzung. Es bleibt nichts über den Tod hinaus, außer dem Materiellen.

Hätte es aber einen Sinn, dann müsste man nach diesem Sinn leben. Und dieser Sinn müsste außerdem für uns alle gelten. Willkommen im Club! Ich glaube daran und ich handele auch danach – jedenfalls versuche ich es. Ich habe hier *meinen* Lebenssinn erklärt. Und obwohl sich niemand meinem Lebenssinn anschließen oder ihn übernehmen kann – denn er ist ja fest mit mir verbunden - kann man anfangen, seinem eigenen, ganz persönlichen Lebenssinn auf die Spur zu kommen.

Die Lebensform des Priverenten bietet eine gute Ausgangssituation dafür.

Gesellschaftlicher Aspekt

„Mit der Verdrängung der Alten verzichtet die Gesellschaft auf Erfahrung, Erinnerung und Geschichte. Sie muss das Defizit an Lebenserfahrung durch die Bereitstellung von Experten ausgleichen."

Norbert Blüm

Dass ich hier noch einmal einen CDU-Politiker zitiere, hat nichts mit meiner politischen Präferenz zu tun. Die Gesellschaft – und insbesondere die Medien – vermitteln uns heute das Gefühl, dass nur Jugendlichkeit wertvoll und erstrebenswert ist. Alte Menschen kommen in der Werbung nur noch selten vor. Selbst der Mann, der in meiner ADAC-Zeitschrift auf dem Treppenlift sitzt und dafür Reklame macht, ist höchstens fünfzig. Einen wirklich alten, hinfälligen Mann kann man offensichtlich nicht zeigen. Und die Frau, die sich gerade die teure Hautcreme gegen Falten aufträgt, hat überhaupt keine. Alle senden die Botschaft: 'alt ist nicht gut'. Und was ist mit Weisheit? Mit Lebenserfahrung, mit erlernter Rücksicht und Umsicht? Warum gibt es in meiner Zeitschrift keine Werbung für Pillen gegen Naivität, die dann von einer schicken 25-Jährigen eingenommen werden?

Ich beobachte das schon lange und es könnte auch sein, dass dieser Zustand noch eine Weile andauern wird. Ich gebe aber die Hoffnung nicht auf. Haben wir nicht gesehen, wie schnell sich kulturell bedingte Werte ändern können, ohne dass man es geahnt hätte? Zum Beispiel das Image der Banken – zumindest in Deutschland ist es rapide gesunken. War man vor einigen Jahren noch froh, wenn der Sohn eine Bank-Lehre angefangen hat, so hat sich die Freude darüber inzwischen doch sehr abgekühlt. Das Ansehen, was einstmals damit verbunden war, ist deutlich gesunken. Vielleicht wird das Altern und die damit verbundene Aneignung von unschätzbar Wertvollem in einiger Zeit wieder 'in' sein.

Auch das ist für mich ein Grund, als Priverent mit der Lebenserfahrung und mit dem Wissen um die Geschichte der Menschheit – die ich als älterer Mensch gewonnen habe - sorgsam umzugehen, sie zu bewahren, um jüngeren Menschen mit einer geringeren Lebenserfahrung diese Unterstützung in diesem Bereich zumindest anbieten zu können.

Die Verdrängung des Todes

Letztlich hängt das Nicht-Vorhandensein älterer Menschen in Medien und das Nicht-Wertschätzen alter Menschen in unsere Gesellschaft mit der Angst vor dem Tod zusammen. Wir wollen den Tod nicht zur Kenntnis nehmen; er macht uns Angst.

Ich habe lange überlegt, ob ich diesen Satz in diesen Artikel aufnehmen soll. Und ich höre auch gleich wieder mit diesem Thema auf. Wer sich näher damit befassen will, dem empfehle ich das Buch von Ralf T. Vogel mit dem Titel *"Der Tod ist groß, wir sind die Seinen"*.

Nur noch so viel dazu: Das Sterben ist ein Tabu-Thema. Dabei ist es immer präsent, wenn auch nur unbewusst. Der Tod ist bedingt durch den Dualismus bzw. die Polarität, die die Grundlage unseres Daseins bildet: Weiß gibt es nicht ohne Schwarz; Freude ohne Trauer gibt es auch nicht und manchmal vermögen wir noch nicht einmal, das eine vom anderen zu unterscheiden. Und so gibt es auch kein Leben ohne den Tod. Die Angst nicht mehr zu sein, ist die Angst vor dem Ungewissen.

Wenn wir daraus ein Tabu-Thema machen, dann vergrößern wir die Angst um ein Vielfaches. Weil jeder mit seiner Angst alleine bleibt. Es gab schon Kulturen, die besser damit umgegangen sind.

Ältere Menschen – und ich gehöre zu diesem Kreis – beschäftigen sich mehr mit diesem schwierigen Thema; denn es kommt in greifbare Nähe. Deswegen *muss* ich mein Leben heute bewusster gestalten. Die Sorglosigkeit, die in meinen frühen Jahren durch das unendlich weit entfernte Ende des Lebens bestand, ist verflogen. Die Zeit drängt; das Leben wird intensiver. Aber diese Situation weist auch Positives auf –

sie muss es – weil es eben immer diese zwei Seiten gibt. Einen dieser positiven Aspekte will ich hier nennen. Der große Beziehungs-Psychologe und Therapeut Lukas Möller hat einmal gesagt: „Die Qualität einer Beziehung ergibt sich aus der Zeit multipliziert mit der Intensität". So sage ich jetzt: Das gilt auch für die Lebensqualität.

Zählen wir also nicht nur die kleiner werdende Zahl an Jahren, die uns noch verbleiben, sondern rechnen wir auch mit der größer werdenden Zahl der Intensität als Faktor der Lebensqualität.

Berend Wilbers

Mein Terminkalender hat fertig

„Jede Medaille hat drei Seiten."

...findet der gebürtige Rheiderländer, Jahrgang 1956, mit Blick auf die Veränderungen in der neuen Lebensphase. Bis zu seiner Pensionierung war er in verschiedenen Funktionen und mit stetig wachsender Begeisterung in der niedersächsischen Finanzverwaltung mit der Erhebung der unliebsamen Steuern beschäftigt und widmet sich jetzt gänzlich anderen Dingen.

Wenn du etwas haben willst, was du noch nie gehabt hast,
musst du etwas tun, was du noch nie getan hast.

Nossrat Peseschkian

Wenn ich die Jahre meiner Berufstätigkeit mit einer Überschrift versehen sollte, dann wohl mit eben diesem Satz von Peseschkian, dem Begründer der positiven Psychotherapie. Wann immer ich das Gefühl hatte, mit einer Aufgabe fertig zu sein und noch bevor sich eine lähmende Unzufriedenheit breit machen konnte, war mir der Gedanke Antrieb und Inspiration auf der Suche nach neuen, interessanten Aufgabenfeldern für meinen beruflichen Alltag. Das erklärt, warum ich in den mehr als 40 Berufsjahren innerhalb Niedersachsens und darüber hinaus knapp zwanzig Mal den Einsatzort gewechselt habe, von meiner Mitwirkung in diversen Projekten überall im Land mal ganz abgesehen.

Kaum zu glauben, mag jetzt denken, wer dem Beruf des Steuerbeamten eher mit den klischeehaften Vorstellungen begegnet, wie sie etwa Ekki Talkötter als sympathisch tolpatschiger Steuerfahnder in der komödiantischen Krimiserie "Wilsberg" verkörpert. Örtliche Flexibilität und Veränderungsbereitschaft sind wohl für gewöhnlich keine Attribute, die mit dem Beamtenstatus verbunden werden. Allen Zweiflern sei gesagt, dass die Steuerverwaltung Rahmenbedingungen bereithält, die es ermöglichen, ein solches Motto so richtig mit Leben zu füllen. Was lag also näher, als genau diese Worte auch auf meiner Einladungskarte für die kleine Feier zu meiner Verabschiedung aus der beruflichen Tätigkeit zu zitieren. Ein mutiger, zugleich aber auch ermutigender Satz. Und Veränderung braucht Mut, braucht die Bereitschaft, sich auf Neues einzulassen, das Unbekannte als Chance und Herausforderung zu begreifen und vor allem die Fähigkeit, die Verheißungen in den Blick zu nehmen, die Veränderungen nun mal mit sich bringen. Denn soviel ist klar:

Der Eintritt in den Ruhestand heißt in erster Linie und vor allem *Veränderung!*

Ermutigung tat auch Not. Für mich jedenfalls. Seit ich den Antrag auf Pensionierung unterschrieben hatte, eigentlich schon viel früher, quälte mich die Frage, ob und wie ich meine Tage ohne berufliche Herausforderungen sinnvoll würde gestalten können. Wer jeden Morgen gerne zur Arbeit geht, ahnt den Verlust, die Lücke an Motivation und Zufriedenheit, die der Abschied aus dem Arbeitsleben mit sich bringt. Ganz zu schweigen von den Begegnungen mit den Menschen, die diese Zeit bereichern. Das alles ein für allemal aufzugeben und hinter mich zu lassen, war eine mich beunruhigende, angstbesetzte Vorstellung.

Natürlich hätte ich diesen Abschied hinauszögern, meine aktive Zeit verlängern können. Angesichts der demographischen Entwicklung hat auch die Verwaltung längst Möglichkeiten geschaffen, über die regulären Altersgrenzen hinaus weiter berufstätig zu bleiben.

Aber was wäre damit gewonnen?

Mir war bewusst: Je älter ich werde, umso schwerer wird es mir fallen, einen Neuanfang in Angriff zu nehmen, ungelebte Träume zu leben, mich aufzuraffen zu einer Entdeckungsreise in ein Land, für das ich keine Landkarte besitze und dessen Sprache ich nicht beherrsche. Mein Entschluss stand fest. Ich wollte tun, was ich noch nie getan hatte und die sich auftuende Lücke als Freiraum begreifen, in dem ich mich neu würde erfinden müssen.

Ohne Arbeit zufrieden sein...

...das muss doch irgendwie gehen, sagt mein Freund, mit dem ich über unseren bevorstehenden Ruhestand nachdenklich ins Gespräch komme. Jenseits der Arbeit müsse es doch vieles geben, was das Leben lebenswert und erfüllend mache. Es könne ja wohl nicht sein, dass unsere Vorstellung von einem glücklichen Leben daran hänge, berufstätig zu sein. Natürlich nicht, pflichte ich ihm bei, ohne mir meiner Sache wirklich sicher zu sein. Solche Sätze müssten nicht gedacht und ausgesprochen werden, wenn sie Selbstverständlichkeiten zum Ausdruck bringen würden. Der Lohn der Arbeit ist nun mal mehr als das Geld, das am Ende des Monats unser Konto ausgleicht. Anerkennung, Widerstände und Bestätigung, die ganze Palette beruflicher Erfahrungen genauso wie das soziale Umfeld, haben Einfluss auf die Frage, wie zufrieden wir mit unserem Leben sind. Bewusst wird das oft erst dann, wenn die Rente naht, wenn wir mit all dem nicht mehr wie selbstverständlich werden rechnen können.

Ich werde sehen, welche Möglichkeit das Leben bereit hält und bin gespannt.

Am Morgen danach...

...sitze ich im Kaminzimmer in einem Berg voller Geschenke. Abschiedsgeschenke. Alles ist schön und dekorativ verpackt, liebevoll und bunt, wie das Leben, das ich bisher führen durfte und vielfältig wie die Menschen, die dieses Leben für mich erst lebenswert gemacht haben. Aus Bilderrahmen und von Kaffeetassen lächeln sie mir zu, die vertrauten Gesichter, die mir so ans Herz gewachsen sind und die ich jetzt zurücklassen muss. Jedes Gesicht ruft Erinnerungen wach, lebendige Erinnerungen an mehr als 40 Jahre in einem Beruf, der mich gefordert und wohl auch geprägt hat. Die Bilder nehmen mich mit auf eine Reise in eine lebhafte Vergangenheit, zu den vielen verschiedenen Gelegenheiten, in denen wir uns begegnet sind. Hinter jedem Gesicht verbirgt sich eine eigene Geschichte, ein eigener kleiner Lebensabschnitt, den wir gemeinsam bewältigt haben. Mir wird wieder bewusst, welch große Bedeutung diese Menschen für mich haben, für die Vorfreude, mit der ich jeden Morgen zur Arbeit gegangen bin, für das gute, befriedigende Gefühl, das ich mit in den Feierabend nach Hause nehmen konnte.

Die Gedanken erneuern die melancholische Abschiedsstimmung, gegen die ich seit Wochen vergeblich anzukämpfen versuche.

Dabei haben so viele der für mich wichtigen Kolleginnen und Kollegen mich gestern begleitet, nicht, um mir den Abschied leicht zu machen, sondern in der guten Absicht, mich auch in dieser Situation zu unterstützen, weil sie wussten oder ahnten, dass dieser Schritt für mich kein leichter sein wird. Die Veranstaltung im Haus und der sonnige Nachmittag im Garten haben mir gut getan und gezeigt, dass ich in ihrem Leben, in unserer gemeinsamen Zeit im Beruf und darüber hinaus, eine gute Rolle gespielt habe.

Und jetzt?

Ich nehme mir vor, noch einmal bewusst Abschied zu nehmen, mir Zeit zu lassen, mit jedem einzelnen Geschenk, mit den Geschichten, die sich damit verbinden, den guten Erinnerungen, ganz sicher ohne den Kontakt abzubrechen zu der Welt, die mir bislang so viel bedeutet hat und den Menschen, die mir wichtig geworden sind. Und dann möchte ich mich überraschen lassen von den Herausforderungen, die das Leben noch für mich bereit hält.

So wird der Morgen danach vielleicht zu einem Morgen davor.

Das Wohnmobil steht schon vor der Tür...

...und wartet, erklärt mir ein gleichaltriger Kollege auf die Frage, welche Pläne er für die Zeit nach der Arbeit hat. Die Welt zu erkunden, unbekannte Länder zu bereisen, ist für viele Menschen wohl genau der Traum, den sie in dieser Lebensphase verwirklichen möchten. Ich kann das gut verstehen, bin aber selber von diesem Virus nicht infiziert. Ich bin wirklich gerne zuhause. Das mag daran liegen, dass ich in den letzten Jahrzehnten meiner aktiven Zeit ständig unterwegs war. Schon ein Besuch bei meinen Enkelkindern (drei leben in den USA, zwei am Bodensee und zwei in Hannover), veranlasst mich heute, die vertrauten vier Wände für mehr als nur ein paar Stunden, manchmal für Wochen, hinter mich zu lassen. Hinzu kommen die Fahrten, die für mich über die Jahre wichtig geworden sind und die ich deshalb beibehalten möchte: den Fahrradurlaub mit meiner Frau auf einem der vielen Radfernwege, unsere Lesewoche irgendwo in einer gemütlichen Ferienwohnung, der Angelurlaub in Norwegen mit Freunden. Mehr muss nicht sein.

Selber darauf angesprochen hätte ich vermutlich geantwortet: Ich möchte schreiben, möchte Geschichten ersinnen und zu Papier bringen, dann vielleicht mein Engagement im Ehrenamt verstärken, die Angebote der Universitäten für meine Altersgruppe in Anspruch nehmen und mich ansonsten auf die Suche machen nach einer Beschäftigung, die mich reizt. Im Vergleich mit einer Weltreise alles wenig spektakulär, ich weiß, aber für mich genau richtig.

Jetzt nochmal richtig Geld verdienen...

...und sich als Steuerberater niederlassen, ob denn das nichts für mich wäre, fragt ein Bekannter. Bei meiner Erfahrung, mit meinen Fachkenntnissen als langjähriger Dozent in Sachen Steuerrecht, müsse das doch ein Leichtes sein, meint er. Und im Vergleich mit den dort gezahlten Honoraren nähmen sich meine Beamtenbezüge doch wohl eher bescheiden aus.

Ich finde „bescheiden" ist für die finanziellen Rahmenbedingungen, mit denen die Steuerverwaltung seine Bediensteten ausstattet, nicht das Wort der Wahl. Sicher, ein Vergleich mit Führungskräften in manchen, nicht in allen Bereichen der Privatwirtschaft, kann neidisch machen. Das war aber nie mein Thema, weil ich immer auch die positiven Aspekte meines Berufes im Blick hatte, etwa den hohen Grad an Selbstständigkeit, mit der ich meine Arbeit auf allen Ebenen verrichten konnte und aktuell die gute Versorgung im Alter. Neid kommt in der Regel nur dann auf, wenn man den Blick in die falsche Richtung lenkt.

Einige meiner Kollegen folgen allerdings tatsächlich dieser Idee meines Bekannten, machen nach ihrer Pensionierung genau das, was im Finanzamtsjargon etwas theatralisch mit „die Seite wechseln" umschrieben wird. Sie eröffnen ein eigenes Beratungsbüro oder übernehmen im Anstellungsverhältnis Aufgaben bei einem der zahlreichen Steuerberater in der Stadt. Mit der Seite auch die Perspektive zu wechseln, also zu beraten statt zu überprüfen, oder eben doch die Aufbesserung der Finanzen, scheint für den ein oder anderen eine reizvolle Option zu sein.

Ehrlich gesagt habe ich das nie verstanden, muss ich aber auch nicht. Mir jedenfalls steht nicht der Sinn danach, meine guten letzten Jahre damit zu vertun, für wen auch immer Schneisen durch das kaum mehr durchdringliche Dickicht des deutschen Steuerrechts zu schlagen.

Für kein Geld der Welt!

Seltsame Tage...

...sage ich zu meiner Frau beim Abendbrot. Was seltsam ist, möchte sie wissen, und es fällt mir schwer, meine Gedanken in Worte zu fassen. Als erstes fällt mir ein, dass die Tage, die ersten Wochen der Pension, „ungetaktet", ohne jede Struktur verlaufen. Vielleicht ist es ja genau das, was mir seltsam erscheint, was fehlt. Das frühe Aufstehen, der mehr oder weniger geregelte Takt eines Arbeitstages, der Feierabend – der alltägliche Ablauf, in dem ich mich seit Jahrzehnten bewege. Ohne diese gewohnte Struktur seine Zeit zu verbringen, fühlt sich merkwürdig an, darf es wohl auch, nach so vielen Jahren. Aber wie damit umgehen? Eine neue Struktur suchen, neue Geländer bauen?

Ich nehme mir vor, damit zu warten. Die ersten sechs Monate der Pension sollten Klarheit bringen. Also erst einmal aushalten, aushalten und sehen was passiert, ob sich nicht neue Wege öffnen, ob sich nicht ein neues Lebensgefühl einstellt, mit mehr Freiheiten und Möglichkeiten, mehr Spontanität und Kreativität. Warum eigentlich nicht? Und wenn es auf die Dauer doch nicht passt, nicht zu mir passt, dann habe ich immer noch die Offenheit, an einer neuen Struktur zu feilen, ein neues zeitliches Gerüst zu finden, mit dem es sich gut leben lässt.

Einer der nächsten Tage bringt mich einen Schritt weiter, gedanklich zumindest. Er war angefüllt mit Kleinigkeiten. Früh morgens kurz ins Amt, um etwas abzuholen, auf dem Rückweg den Einkauf beim Bäcker erledigt, einen schnellen Kaffee zwischendurch, dann um 11:00 Uhr einen längeren Termin in der Stadtverwaltung wahrgenommen, nach dem Essen Gartenabfälle zur Deponie gefahren, auf dem Rückweg in den Supermarkt, um den Wocheneinkauf zu erledigen, anschließend den alten Korbstuhl gereinigt und in mein Arbeitszimmer gebracht, weil dort noch eine gemütliche Sitzgelegenheit fehlt. Und schon steht meine Frau in der Tür, weil es 18:00 Uhr und sie von der Arbeit zurück ist. Ich merke, wie schnell zuhause ein Tag vergeht (...eine Erkenntnis, über die meine Frau nur milde lächeln kann...), ohne dass ich auch nur daran gedacht habe, weiter an dem Buch zu schreiben, das ich begonnen habe oder mir Zeit zu nehmen für die Dinge, die mir wichtig sind. Nun gut, die Angelegenheiten, mit denen ich beschäftigt war, die Dinge des täglichen Lebens, sind nun mal da und zu erledigen. Aber mir ging das zu automatisch, ohne bewusste Entscheidung und konkreten Plan. Ich möchte das ändern. Es mag auch zukünftig solche Tage geben, okay. Ich kann und will mich den Verpflichtungen für Haus und Hof, für das Ehrenamt, das ich bekleide, nicht entziehen. Aber nicht alle Tage sollen so dahin fließen. Es muss einen Weg geben, beides zu verbinden, die Freiheit, nicht mehr zu müssen und die Idee, doch noch etwas zu schaffen. Ich werde mich auf die Suche machen und darauf achten, mir Zeitfenster zu öffnen, um mich meinen Interessen widmen zu können. Ich weiß, das ist kein bahnbrechender Entschluss, aber vielleicht ein Anfang.

So gesehen war dieser Tag ein guter Tag.

Woran ich als Kind Spaß hatte...

...und was dann in den erwachsenen Jahren von der beruflichen Beanspruchung überlagert wurde, wieder hervor zu holen, jetzt, wo die Zeit dafür da ist, scheint mir keine schlechte Idee. In meinem Fall: Holzarbeiten. Ich mag von je her den Geruch von frischem Holz und Sägespänen, das Arbeiten mit diesem natürlichen Werkstoff. Die Idee für einen neuen Geräteschuppen war schon vor der Pensionierung gereift. Also frisch ans Werk und – endlich wieder! – einen Plan machen, getreu dem Motto „Am Anfang an das Ende denken". Zuerst ein Bild, eine konkrete Vorstellung von dem entwickeln, was werden soll, eine erste grobe Skizze erstellen, genauer werden, dann die Materialien bestimmen, Kosten überschlagen, bestellen und überlegen, wer mir behilflich sein könnte, weil ich nicht alles alleine machen kann, da mir schlicht die Erfahrung fehlt. Dann die ersten Schritte gehen, geduldig bleiben, nichts überstürzen, Schritt für Schritt der Idee, dem Bauplan folgen, gnädig mit mir selbst umgehen, wenn Fehler passieren und am Ende das fertige Werk vor Augen haben – das ist ein spannender, zutiefst befriedigender Prozess, so wie ich es mag. Gestern haben wir die letzten Arbeiten abgeschlossen und alles sieht perfekt aus, ein naturgetreues Abbild der Vorstellung, die am Anfang stand.

Geholfen hat Nikolaus, mein Nachbar (besser: ich ihm). Er war ein guter Lehrmeister. Kein Wunder, er ist schließlich Lehrer. Vor allem aber fördert und teilt er meine Begeisterung für dieses Hobby. Es kann sich glücklich schätzen, wer solche Nachbarn hat.

Wie gesagt, dieses planvolle Vorgehen, das strukturierte Abarbeiten in einzelnen Schritten, kommt mir sehr entgegen. So habe ich schon meine Aufgaben im Beruf angepackt. Ein durchaus erfolgreiches Modell also, aber auch geeignet für den neuen Lebensabschnitt, für die Zeit in der Pension? In jungen Jahren fällt es leicht, unbelastet von störenden Gedanken Pläne zu schmieden und umzusetzen. Wer aber die 60 überschritten hat weiß oder ahnt zumindest, wie sehr alles davon abhängt, gesund zu bleiben. Erst vor wenigen Tagen konnte ein geplantes Treffen nicht stattfinden, weil mein befreundeter Kollege plötzlich in eine tiefe Bewusstlosigkeit gefallen und ins Krankenhaus eingeliefert worden war. Und schon in den ersten Monaten des Ruhestandes musste ich mich zum Teil völlig unerwartet endgültig von langjährigen Freunden und Kollegen verabschieden. Am offenen Grab wird mir von neuem bewusst: Nicht alles ist planbar im Leben. Unsere Zeit ist begrenzt. Umso mehr gilt es, die guten Tage zu nutzen, und sei es auch nur für die Dinge, die schon als Kind Spaß gemacht haben.

Rentner haben nie Zeit...

...heißt es, und mir wird schnell klar, wie es eine solche Redewendung schafft, Eingang in den allgemeinen Sprachgebrauch zu finden. Ein Rentnertag hat auch nicht weniger als 24 Stunden, natürlich nicht. Aber zum einen starte ich später in den Tag, noch dazu langsamer. Ausschlafen, ausgiebiges Frühstück, vollständige Lektüre der Zeitung, Kaffeetrinken – ein solches „Zeitfresser"-Verhalten lässt mich schon nach wenigen Wochen mit dem Gefühl zurück, im Laufe eines Vormittags ohnehin nichts Wesentliches bestellen zu können. Während ich im Beruf einen Großteil meiner täglichen Arbeit schon bis Mittag erledigt hatte, verschiebe ich jetzt alle langwierigen Dinge auf den Nachmittag. Da kann die Zeit dann schon mal knapp werden.

Zum anderen ist da noch der „Paarlauf". Aufgaben, die meine Frau und ich bislang getrennt erledigt haben, machen wir jetzt verstärkt gemeinsam. Auch wenn vieles zu zweit leichter von der Hand geht, kostet es unser beider, also doppelte Zeit, und seien es nur die Minuten für die An- und Abfahrt zum Supermarkt. Aber immerhin: Die Stunden sind gut investiert, weil es gemeinsame Zeit ist.

Zu guter Letzt gibt es die lieben Freunde und Verwandten, die mit meinem neuen Lebensabschnitt gewisse Erwartungen verbinden. Schon wenn ich die Formulierung „Du hast ja jetzt Zeit" nur höre, schrillen alle Alarmglocken. Dabei bin ich gerne behilflich oder verbringe meine Zeit in netter Gesellschaft, aber eben alles in Maßen und abgestimmt auf meine persönlichen Bedürfnisse. Die Tage, in denen ich überwiegend fremdbestimmt war, in denen Mitarbeiter, Vorgesetzte oder auch nur der Terminkalender berechtigte Anforderungen an mich stellen konnten, sollen endgültig vorbei sein.

Das wird nicht leicht werden. Für mich selbst zu sorgen, mich ab-
zugrenzen und Nein zu sagen, zählt ganz sicher nicht zu meinen Stär-
ken. Was helfen könnte, wäre eine Struktur, ein zeitliches Raster, in
dem alles seine Zeit hat, auch ich. Und ich bin fast sicher, dass am
Ende der selbst gesetzten Frist tatsächlich genau dieser Plan steht.

So können dann meine Rentnertage – auch gefühlt – wieder 24
Stunden haben.

Es gibt immer noch diese Momente...

...in denen ich es morgens vermisse, zur Arbeit gehen zu können.
Ich will solche Gedanken nicht verdrängen, gestatte mir die kleine
Schwäche und suche nach einer Erklärung.

Zum Vergleich: Schon am Morgen zu wissen, was der Tag bringt,
welche Aufgaben darauf warten erledigt zu werden und mit wem ich
dabei zu tun bekomme, unerwartete Begegnungen und Herausforderungen inklusive, ist etwas völlig anderes, als meine Zeit ohne feste
Vorgaben zu füllen. Die Frage, wie ich heute meinen Tag sinnvoll ge-
stalte, musste ich mir bislang nicht stellen. Die Antwort war vorgege-
ben. Wie wohl die meisten meiner Kolleginnen und Kollegen habe ich
mein berufliches Umfeld – völlig unabhängig von gelegentlichem Ärger und Querelen – als sinnstiftend und erfüllend erlebt. Jetzt geht es
darum, diese Lücke zu schließen, neue gute Antworten zu finden auf
die Frage nach einer erfüllenden Lebensgestaltung. Das ist schön, nur
eben auch anstrengend.

Trotzdem: Ich bin dankbar für diese nachdenklichen Minuten. Sie
machen auf angenehme Weise aufs Neue bewusst, dass meine Berufs-

wahl und die berufliche Entwicklung zu meinem persönlichen Wohlergehen beigetragen haben. Und letztlich sind es nur kurze Augenblicke, kein tagelang quälender Dauerzustand, aus dem ich mich mühsam befreien muss; denn der Übergang scheint zu gelingen. Mit der Wiederentdeckung meiner kindlichen Leidenschaft für Holzarbeiten, mit einer zutiefst befriedigenden Tätigkeit, dem Schreiben, für mich Hobby und Arbeit zugleich, und mit der Pflege alter Freundschaften und neuer Kontakte stellt sich langsam ein neues Lebensgefühl ein. Das ist nach nur einem halben Jahr in Pension keine schlechte Zwischenbilanz und jedenfalls Grund genug, zuversichtlich nach vorne zu schauen.

In den Jahren zwischen 60 und 70...

...geht noch was. Der freundliche ältere Herr, der mir mit dieser Lebensweisheit begegnet, hat die 80 längst überschritten. In den späteren Jahren, weiß er, sei vermehrt mit körperlichen Einschränkungen zu rechnen. Er könne schon lange nicht mehr so, wie er gerne wolle. Ich höre ihm aufmerksam zu und genieße die Begeisterung, mit der er von seinen Unternehmungen in den ersten Jahren seiner Pension zu erzählen versteht. Und er erzählt in der guten Absicht, mich dazu anzuhalten, dieses Jahrzehnt planvoll anzugehen und die guten Jahre intensiv zu nutzen.

Mich hat allerdings eine langjährige Erkrankung gelehrt, nicht in Dekaden zu denken, sondern den Augenblick, das Hier und Jetzt zu leben. Neue Ideen zu entwickeln und Pläne zu schmieden wird auch weiterhin Lebenselixier sein und bleiben; die Zeit zur Umsetzung muss aber überschaubar sein.

Das nächste Halbjahr, das zweite meiner Pension, ist schon gut gefüllt. Das Holz für die Herstellung einer Werkbank liegt bereit. Bauanleitungen aus dem digitalen Netz, angereichert mit eigenen Ideen, warten darauf, in die Tat umgesetzt zu werden. Parallel dazu schreibe ich an zwei Büchern, eine Arbeit, die ich gerne bis Mitte des Jahres abschließen würde. Auch die Steuerverwaltung hat mich noch nicht so ganz aus ihren Diensten entlassen. Im Februar werde ich vermutlich letztmalig ein einwöchiges Seminar an der Steuerakademie leiten, ein Finanzamt hat mich gebeten, bei der Einführung einer neuen Feedback-Kultur als Prozessbegleiter behilflich zu sein, und für Ende März bereite ich zusammen mit einer ehemaligen Kollegin aus Schleswig-Holstein den bundesdeutschen Erfahrungsaustausch der Dozenten für die sozialwissenschaftlichen Fächer der Akademien und Fachhochschulen der Länderfinanzverwaltungen vor. Das alles sind reizvolle Aufgaben, die mich mit mir selber, mit meinen noch nicht offen liegenden Begabungen und Grenzen in Kontakt bringen werden. Und auf den Kontakt zu Menschen, die noch in Lohn und Brot stehen, zu den ehemaligen Kolleginnen und Kollegen, freue ich mich besonders.

So kann es bei guter Gesundheit gerne noch eine Weile weitergehen.

Was zu viel ist...

...ist zu viel, denke ich und lege nachdenklich das Telefon aus der Hand. Die Steuerakademie hatte angerufen und bat mich, kurzfristig einen Lehrauftrag wahrzunehmen.

Schon als sie von meiner bevorstehenden Pensionierung erfuhr, frohlockte die mit den Kursplänen befasste Kollegin, sie habe dann ja jemanden, den sie jederzeit einsetzen könne. Ich wehrte ab und bat sie, davon nur im Notfall Gebrauch zu machen. Den „Notfall" hatte ich seinerzeit durchaus beidseitig verstanden. Ich war mir kurz vor der Pensionierung keineswegs sicher, ohne Arbeit klarzukommen. Ein Lehrauftrag an der Akademie erschien mir als denkbarer Ausweg für den Fall, dass ich mit mir und der freien Zeit nichts würde anfangen können.

Jetzt hatte allerdings die Akademie Bedarf. Eine liebe Kollegin war schwer erkrankt und musste vertreten werden. Sie hatte mich während eines Krankenhausaufenthaltes in meiner aktiven Zeit stark entlastet. Ich brauchte nicht lange zu überlegen; für sie einzuspringen war selbstverständlich. Da aber der Januar schon verplant war, konnte ich frühestens im Februar mit dem Lehrauftrag beginnen. Sie werde sehen, ob ein Start im Februar organisatorisch machbar sei und sich am Montag wieder melden, entließ mich die Anruferin in ein unruhiges Wochenende.

Mir wurde schnell bewusst: 140 Unterrichtsstunden in knapp vier Monaten würden mich in jeder noch freien Woche für mehrere Tage nach Rinteln führen – und mich der gerade gewonnenen Freiheit wieder berauben. Wollte ich das wirklich? Noch vor einem Jahr hätte sich diese Frage nicht gestellt. Aber jetzt? Mir war überhaupt nicht wohl bei dem Gedanken, alle Pläne, alle Ideen, die ich im Kopf bewegte, auf das zweite Halbjahr zu verschieben. Würde eine Rückkehr in die schon überwunden geglaubte Arbeitswelt nicht alles zunichte machen, was ich mir mühsam erarbeitet hatte und mich zurückwerfen auf dem Weg, mein Leben als Pensionär neu zu ordnen?

Die ungetrübte Freude, die ich empfand, als mir am Montag mitgeteilt wurde, dass für die Vertretung eine andere Lösung gefunden worden sei, machte mir endgültig klar: Ich bin angekommen im Leben nach dem Beruf. Es braucht keine Fluchtpunkte mehr in der alten Welt. Die Möglichkeiten der neuen Lebensphase fordern mich heraus, beanspruchen Zeit und Aufmerksamkeit, anders als im Beruf – keine Frage – aber genauso erfüllend und sinnstiftend wie die tägliche Arbeit.

Ich werde wohl auch in Zukunft einspringen, wenn dringender Bedarf besteht. Aber auf meiner Seite, dessen bin ich mir heute sicher, wird es den befürchteten Notfall nicht mehr geben.

Anemone Hehl

Auf zu neuen Ufern

Die gebürtige Hessin (Jahrgang 1948) hat gern in größeren Städten gelebt – Bremen, Berlin, Gießen – zuhause aber fühlt sie sich in Ostfriesland. Hier hat sie als Lehrerin an Haupt- und Realschulen versucht, ihre Liebe zu Musik, Literatur und Kunst an ihre Schüler weiter zu geben.

Die wahre Lebenskunst besteht darin, im Alltäglichen
das Wunderbare zu sehen.

Pearl S. Buck

Vor sechseinhalb Jahren bin ich aus dem Berufsleben ausgestiegen. Ich hatte den Rückzug sorgfältig vorbereitet und meine sämtlichen Unterrichtsmaterialien, Lehrbücher, Unterrichtsvorbereitungen und -pläne jüngeren Kollegen angeboten, sich bei Interesse ihrer zu bedienen. Was bis zu den Sommerferien nicht mitgenommen worden war, entsorgte ich ohne Zögern. Mein Berufsleben war beendet, und ich hatte nicht die Absicht, jemals wieder als Lehrerin aktiv zu werden.

Der Abschied fiel mir nicht schwer, da gab es keine wehmutsvollen Erinnerungen oder Seufzer über das „Nie mehr". Ich war 37 ½ Jahre lang mit Liebe, Leidenschaft, jeder Menge Einsatzfreude und Kreativität Lehrerin gewesen, und nun war es genug.

Für mich bedeutete der Wechsel ins „Rentnerdasein" die Chance, die Tätigkeiten zu vertiefen, die ich schon ein Leben lang ausgeübt hatte und etwas hinzuzufügen, was ich bislang nicht umgesetzt hatte. Mein Berufsleben hatte deutliche Strukturen gehabt, das fing bei der Unterrichtsplanung an, reichte über den Tagesablauf und die Gestaltung der freien Zeit, die ich aufteilte in Familienleben, Zeit mit Freunden verbringen, Musik machen, malen und schreiben. Es gab noch den Haushalt und einen großen Garten, in dem ich gern arbeitete, weil es den Kopf freimachte.

Vergangenheitsbewältigung

Das große Kapitel Unterricht und alles, was dazu gehörte, fiel nun weg. Auch der Tag war nicht mehr deutlich getaktet. Da gab es anscheinend unendlich viel Freizeit, freie Zeit, Zeit zur freien Verfügung. Zeit, um zur inneren Ruhe zu finden. Zeit, die privaten und, damit verbunden, finanziellen Katastrophen aufzuarbeiten und sie abzuschließen.

So erfolgreich und befriedigend mein Arbeitsleben als Lehrerin war, so gern ich als Pianistin aufgetreten bin und Lob und Anerkennung auch bei Ausstellungen als Malerin erhielt, so muss ich doch eingestehen, dass ich als Ehepartnerin gescheitert bin. Und zwar komplett.

In meiner letzten Ehe war ich mit einem Mann verheiratet, der sich durch Fälschung meiner Unterschrift mein gesamtes Vermögen angeeignet hat. Ich war viel zu lange Zeit gutgläubig und vertrauensvoll ihm gegenüber, und als ich schließlich Verdacht schöpfte, war das Geld weg.

Die äußere Struktur, also die Auseinandersetzung und das Verhandeln mit Banken, hatte ich bereits mit Hilfe eines Anwalts hinter mich gebracht. Viel schwerer wog die Auseinandersetzung mit mir selber.

Es tat weh, festzustellen, dass ich mich in diesem Menschen vollkommen geirrt hatte, dass ich eine Illusion von ihm geliebt hatte, nicht den realen Mann. Es war überaus schmerzhaft zu erkennen, dass ich, die taffe gestandene „Karrierefrau", manipuliert worden war, ohne es zu bemerken.

Und dann kamen die unangenehmen Fragen an mich selbst hinzu: Hast du dazu beigetragen, dass er sich zunehmend dreister „bedienen" konnte, indem du ihm blind vertrautest und ihn machen ließest, ohne zu kontrollieren? Wolltest du gar nicht genau Bescheid wissen, weil du deine „kostbare" Zeit lieber anderweitig verbrachtest? Hast du zu oft Anzeichen von Ungereimtheiten beiseite geschoben?

Warum hast du zugelassen, so behandelt worden zu sein?

Es war ein langwieriger Prozess, bis ich mir selber verziehen hatte.

Heilung durch Schreiben

Ich bewältigte diese für mich persönlich so bedrückende Aufgabe, indem ich meine Geschichte aufschrieb. Ich habe immer geschrieben, und diesmal kam mir mein Talent zum Schreiben hilfreich und geradezu befreiend entgegen. Alles Schmerzhafte, alle Einsicht und Erkenntnis konnte ich schriftlich ablegen und mich damit von einer Last befreien.

Das Schreiben nahm nach der Pensionierung einen beträchtlichen Zeitraum in Anspruch, war aber sehr wichtig und sinnvoll. Ich musste das, was mich erschüttert hatte, los werden. Erst dann würde ich den Kopf frei haben und wieder neugierig auf das Leben schauen können.

Ohne Musik geht es nicht

Es gibt eine weitere lebenslange „Begleiterin" in meinem Leben, das ist die Musik. Schon als Kind wollte ich Klavier spielen, und meine Eltern ermöglichten mir das Ersehnte. Ohne Musik, ob ich sie selbst spiele oder sie als Zuhörer genieße, fehlt mir ein wesentliches, um nicht zu sagen, Lebens-notwendiges Element.

Jetzt im Ruhestand hatte ich die Muße und die Zeit, mir Konzerte auch an Orten anzuhören, die nicht in meiner Nähe stattfanden.

Ich wollte nach Dresden, unbedingt einmal in die Elbphilharmonie, nach München und Frankfurt, Berlin und Wien, um dort einige der großartigsten Musiker live zu erleben: Martin Grubinger, Lang Lang, Sol Gabetta, Albrecht Mayer und die Berliner und die Wiener Philharmoniker. Nun konnte ich in aller Ruhe meine Reisen planen und durchführen, denn irgendwelche zeitlichen Begrenzungen – bedingt durch den Beruf – waren aufgehoben. Wie schön!

Es gab zwar finanzielle Einschränkungen, aber ich hatte ja viel, viel Zeit und musste nicht alles in einem Jahr erledigen. Ich genoss in den ersten drei Jahren nach meiner Pensionierung das üppige Nichts-Tun-Müssen, aber alles Tun-Können. Vor allem erfüllte ich mir den schon Jahre vor meiner Pensionierung geträumten Traum:

Ich wollte unbedingt Saxofon spielen lernen.

Meine Hände sind leider im Laufe meines Lebens – vielleicht auch durch das intensive Klavier spielen – arthritisch geworden. Meine Finger können nicht mehr so, wie mein Kopf und mein Herz es gerne wollen. Und neben den unangenehmen Schmerzen in den Händen war es auch die Einsicht, dass ich nie mehr so würde spielen können wie früher, die mich dazu brachte, mich nur noch selten an den Flügel zu setzen und zu spielen. Es sind inzwischen die technisch weniger anspruchsvollen Klavierstücke, die ich heraussuche. Es gibt so viel wunderbare Klaviermusik, da finden sich durchaus zauberhafte, leicht spielbare Kompositionen, die ich trotz meines Handicaps noch ganz gut hinbekomme.

Nach der Pensionierung suchte ich mir einen Saxofon-Lehrer und nahm Unterrichtsstunden.

Meine praktische Musikausübung richtete sich von da an ganz auf das Erlernen dieses wunderbar klingenden Instrumentes aus.

Die Motorik meiner Hände ist natürlich auch hierbei eingeschränkt. Insbesondere schnelle Läufe kann ich mit diesen Fingern nicht spielen. Beim Klavier kommen neben Ton-Läufen noch weitere Dimensionen hinzu: das gleichzeitige Spielen von Akkorden, weite Griffe, Artikulation durch den differenzierten Tastenanschlag. Beim Saxofon gestaltet man den Ton weitgehend durch den Atem.

Was mich neben dem Klang des Saxofons und der dazu gehörenden Literatur – die mir als klassisch ausgebildeter Pianistin eher ungewöhnlich und überraschend modern erscheint – so begeistert, ist die Tatsache, dass ich als Mitglied in einer Big-Band und in einem reinen Saxofon-Ensemble mit anderen Menschen spiele. So unterschiedlich die Temperamente sind, so unterschiedlich alt wir auch sind, uns eint das gemeinsame Musikmachen. Als Pianist ist man eher ein einsamer Streiter, es sei denn, man begleitet einen Cellisten oder eine Geigerin, eine Sängerin oder einen Flötisten, aber in einer Band fühlt sich das Miteinander lebendiger und vielseitiger an, nicht nur wegen des breit gestreuten Repertoires.

Freunde und Familie als Begleiter

Ich pflege meine Freundschaften seit meinem beruflichen Rückzug genauso wie früher. Als natürliche Folge des Älterwerdens sind bei vielen körperliche Einschränkungen aufgetreten. So können die ausgedehnten Radtouren und andere sportliche Aktivitäten, wie zum Beispiel Bowling und Boßeln im Winter, nicht mehr stattfinden. An ihre Stelle sind Spaziergänge getreten, und das gesellige Beisammensein funktioniert noch genauso gut wie vor zehn Jahren.

Leider sind nicht mehr alle meine lieben Freunde dabei. Von einigen musste ich Abschied nehmen, sie sind gestorben.

Auch dies ist ein Merkmal des Alterns: Die Begrenztheit unseres Lebens wird uns deutlich bewusst und wir verlieren Menschen, die uns nahestehen. Ich werde daran erinnert, dass auch ich endlich bin und irgend wann einmal nicht mehr sein werde.

Umso mehr freut es mich, dass meine beiden Töchter wieder nach Ostfriesland zurückgekehrt sind. Sie wohnen beide in je einer Oberwohnung meines Hauses. Wir pflegen einen respekt- und liebevollen Umgang miteinander. Ich bin sehr froh, dass sie in meiner Nähe sind, denn ich kann mir ihrer Aufmerksamkeit und Fürsorge sicher sein, wenn es mir gesundheitlich wieder einmal schlecht geht.

Mein Sohn lebt in München, kommt aber zwei-, dreimal im Jahr zu Besuch. Er ist ein von allen gern gesehener Gast im Hause.

Eine besondere Beziehung habe ich zu meinen beiden Enkelinnen; meine Töchter haben jede eine Tochter. Mit den Kindern hole ich im Ruhestand all das nach, was meinen eigenen aus beruflichen Gründen versagt bleiben musste: Klassenfrühstück, Tagesausflüge, Besichtigungen und Veranstaltungen. Ich übernehme mit Vergnügen – vorausgesetzt, es wird gewünscht – solche Aktivitäten, weil die Mütter aus beruflichen Gründen nicht teilnehmen können.

Besonders geschätzt wird von den Mädchen, dass ich ihnen bei den Hausaufgaben helfen kann und zu fast jedem Thema eine Anekdote aus meiner Zeit als Lehrerin zu erzählen weiß.

Zu meinen engsten Familienmitgliedern zählen auch meine Brüder, mit denen ich in telefonischer Verbindung stehe und die aufrichtig interessiert an meinem Leben Anteil nehmen.

Mit allen Sinnen : Malen

Auch die Malerei habe ich nach der Pensionierung wieder aufgenommen. Aber ich male jetzt ausschließlich zu meiner eigenen Freude und habe auch nicht mehr den Ehrgeiz, den früher zahlreichen Ausstellungen weitere folgen zu lassen. Viele Motive entnehme ich meiner unmittelbaren Umgebung. Da ist der weite Himmel Ostfrieslands; die vom Wind zerzausten Bäume, das Meer mit seinen schäumenden Wellen. Es ist die unendlich scheinende Weite mit dem endlosen Himmel und diesen faszinierenden Wolkenformationen, die ich liebe und die mich inspirieren. Aber auch Musik ist ein wunderbarer Animateur, Klänge und Rhythmen in Farbe und Form umzusetzen.

Wie es ist, ist es gut

Die Begeisterung an den scheinbar kleinen Dingen des Lebens sind mein täglicher Motor. Ich beobachte gern Menschen und ihre

Einzigartigkeit im Alltag. Wie oft liefern sie mir Stoff für eine vergnügliche, manchmal tragische und manchmal auch komische Kurzgeschichte. Ich erlebe die nettesten, kuriosesten Begegnungen und notiere sie später mit viel Schmunzeln und Empathie.

Viele Menschen wollen nach ihrer „Verrentung" reisen, etwas von der Welt sehen, Interessantes kennenlernen und Fremdartigem begegnen, eine Art spannende Weiterbildung in Sachen „Leben".

Das kann ich gut verstehen, ich selbst bin auch interessiert an Kunst und Kultur „woanders".

Aber weder meine finanziellen Möglichkeiten noch meine Gesundheit lassen dies in größerem Stil zu. Umso mehr liebe ich Städtereisen , die ich ein-, zweimal pro Jahr mit einer langjährigen Freundin durchführe, Kunst und Kultur inklusive.

So ist mein Rentnerdasein trotz gesundheitlicher Beeinträchtigungen gekennzeichnet von der Freude am Alltäglichen, das so viel Wunderbares im Kleinen und Großen birgt.

Ich bin zufrieden, so wie es ist.

Jan Wurps

Was will ich mehr?

...gebürtiger Ostfriese, 30 Jahre Butenostfriese, lebt seit einigen Jahren wieder in Leer. Bis zu seinem Übergang in den Ruhestand hat Jan Wurps in verschiedenen Funktionen eines Großkonzerns in Wolfsburg und Emden gearbeitet, die meiste Zeit dieses Berufslebens sehr genossen und strebt dieses auch für die Phase des Ruhestands an.

„Ich will faul in allen Sachen,
nur nicht faul zu Lieb und Wein,
nur nicht faul zur Faulheit sein"

Gottfried Ephraim Lessing

Vorüberlegungen

Einen Text zum Ruhestand zu schreiben – für wen? Wer will sich raten lassen? Hat nicht jeder seine eigenen Vorstellungen und individuellen Rahmenbedingungen beziehungsweise muss nicht jeder seine eigenen Erfahrungen machen? Gibt es überhaupt Überlegungen, die nicht schon mal gedacht wurden? Dem wird so sein, aber vielleicht mag ja der eine oder andere sich von meinen Erfahrungen inspirieren lassen.

Die Möglichkeiten, das Alter zu gestalten, sind heute so vielfältig wie nie zuvor. Es existieren meist finanzielle Polster, um sich einiges leisten zu können, die medizinische Versorgung wird immer besser und der gesundheitliche Zustand im Allgemeinen auch. Heute ist man nicht mehr alt, wenn man in Rente geht.

Doch was kommt auf einen zu, was erhält man, was verliert man?

Schon mit Mitte 50 habe ich mir einen Wechsel in den Ruhestand – eine Zeit ohne berufliche Verpflichtungen – vorstellen können. Bedingt durch eine seinerzeit eingeschränkte Arbeitsfreude und die Möglichkeiten einer betrieblichen Altersregelung sowie die Bereitschaft zu gewissen finanziellen Einschränkungen, bewegte mich dieser Gedanke in mal mehr, mal weniger ausgeprägter Form über Jahre.

„Es muss doch mehr geben als Arbeit, um glücklich und zufrieden zu sein."

Mit diesem Credo beschäftigte ich mich gedanklich schon früh mit verschiedenen Gestaltungsmöglichkeiten der dann frei verfügbaren Zeit. Dabei hatte ich nie die Befürchtung, diese freie Zeit nicht nutzen zu können beziehungsweise ein zeitlich strukturiertes Leben aufgeben zu müssen oder den sozialen Status zu verlieren.

Dass ich diese Überlegungen nicht umsetzte und dann erst acht Jahre später im 64. Lebensjahr und nach 38 Berufsjahren in diese Lebensphase wechselte, lag an sich ändernden beruflichen und persönlichen Rahmenbedingungen. Nicht zuletzt mag auch meine protestantische Prägung eine Rolle gespielt haben. Eine enge Anbindung unseres Lebens an die Arbeit ist Bestandteil unserer Kultur. Dieses Bewusstsein geht soweit, ohne Arbeit und Beruf weniger wert zu sein. Wer gesund ist, sollte so lange wie möglich arbeiten und seinen Beitrag zum individuellen und gesellschaftlichen Wohlstand leisten. Von Müßiggang ist da keine Rede. Arbeit, heißt es, sei der eigentliche Maßstab unserer Existenz, pünktlich, zuverlässig und fleißig sein mit einer ordentlichen Berufskarriere im Rahmen seiner Möglichkeiten. Erwerbsleben ist Lebenszweck, den es auch auszufüllen gilt. Der Gedanke, nur solange zu arbeiten, bis das Geld für ein komfortables Auskommen reicht, passt nicht in diese Prägung. Die jüngere Generation scheint sich inzwischen mit einer ausgewogenen Balance zwischen Arbeitszeit und Freizeit etwas leichter zu tun. In Vorstellungsgesprächen wird nach Teilzeitmöglichkeiten und Sabbaticals gefragt, eine Aufopferung für den Beruf bis zum letztmöglichen Renteneintritt scheint weniger im Focus zu stehen, als es das für meine Generation noch der Fall ist.

Ich habe dann diese Gedanken eines frühen Ausscheidens aus dem Erwerbsleben verworfen, aber auch die Verlängerung nie bereut, brachten sie mir doch acht Jahre positive Berufserfahrung und viele nicht zu unterschätzende Nebeneffekte wie einen geregelten Tagesablauf, Sozialkontakte mit Kollegen und Externen, öffentliche Auftritte, eine vermeintliche Wichtigkeit, Wertschätzung und Anerkennung. Ein besonderes Highlight neben meiner Tätigkeit als Personalmanager und Pressesprecher war das 500. Reformationsjubiläum im Jahr 2017, das ich als Repräsentant meines Unternehmens für Kirchenangelegenheiten von Genf über Berlin bis Wittenberg intensiv begleiten durfte.

Die Gelegenheit, häufig auch gemeinsam mit meiner Frau, auf viele interessante Vertreter aus Kirche, Politik und anderen Gesellschaftsbereichen zu treffen, habe ich sehr geschätzt. Mir gefiel die Arbeit so gut, dass ich sogar den schon geplanten Austritt noch um ein weiteres Jahr verschob.

Vorbereitungen auf den Ruhestand

Irgendwann war es dann doch soweit, das Unternehmen Ruhestand musste in Angriff genommen werden. Und ich hatte mir vorgenommen, diese geschenkten Jahre zu genießen. Für meine Generation war der Weg in die Rente weit weniger belastend als für die Generation meiner Eltern und Großeltern. Wir blieben verschont von Kriegen, Hunger oder sonstigen Katastrophen. Wir sind nicht von harter Arbeit gebeugt, sondern im Allgemeinen fit und voller Tatendrang. Ein Viertel unseres Lebens liegt noch vor uns und will gefüllt werden.

Nun scheint dieser neue Lebensabschnitt jedoch durchaus ein Unterfangen zu sein, das man nicht auf die leichte Schulter nehmen und gut planen sollte. Verschiedene Einrichtungen bieten sogar Vorbereitungsseminare an: „Perspektiven Richtung Ruhestand, vorbereitende Übungen und lebensnahe Lösungsstrategien, Abschiedsarbeit vom Berufsleben, notwendige Neuorientierung". Darauf habe ich allerdings verzichtet. Auch Ratschläge von erfahrenen Ruheständlern gab es viele: Man solle den Tag strukturieren und nicht vertrödeln, weiterhin früh aufstehen, sich Beschäftigung und Projekte suchen, um nicht ziellos durchs Leben zu strauchen. Vielleicht ganz neue Aufgaben und Ziele finden, z.B. eine Weinhandlung oder ein Café eröffnen, Unternehmensberater werden oder Senior Expert, um andere von den eigenen beruflichen Erfahrungen profitieren zu lassen und somit dem Leben weiterhin einen beruflichen Sinn zu geben, aber zumindest der Furcht vor nicht gefüllter Zeit zu begegnen. Andere dagegen meinten, zunächst einmal den längeren Urlaub zu genießen, sich einfach mal treiben zu lassen und zu schauen, was einem dann über den Weg läuft.

Ich entschied mich für eine rechtzeitige Planung und versuchte, das Rentnerdasein früh zu antizipieren. Dazu entwarf ich schon viele Monate vor dem entscheidenden Termin eine Mindmap, um eine Übersicht über alle Betätigungsmöglichkeiten und Ziele in diesen geschenkten Jahren zu erstellen, nichts aus dem Auge zu verlieren und Prioritäten nach Wünschen und Wichtigkeit setzen zu können. In dieser Mindmap finden sich Knotenpunkte wie Kinder, Freuhde, Vorlesungen an der Universität, Sport, Sprachen, Kochen, Reisen, Ehrenämter, Haus und Garten, Kultur und auch "Must does" (Steuererklärung, Aufräumen, Akten ordnen).

Und natürlich musste ein so einschneidendes Ereignis mit meiner Frau, die als Lehrerin die Hälfte des Tages zu Hause arbeitet, ausführlich besprochen werden. Eine geänderte häusliche Aufgabenverteilung, finanzielle Auswirkungen, mehr gemeinsame Zeit, ein eventuell vorzeitiges Arbeitsende der Ehefrau – all das wollte intensiv überlegt sein.

Auch die Hinweise meines Freundes in gleicher Situation mussten wohl bedacht werden. Das Leben mit beruflichen Kontakten, einem strukturierten Tagesablauf und weiteren, angenehmen Begleitumständen des Arbeitslebens wie Erfolg, Zustimmung, Anerkennung und Sinnstiftung, seien nun endgültig vorbei, meinte er. Und von meinen vielen Vorgängern wusste ich, dass auch die freundlichen Einladungen der Kollegen, sie gerne mal zu besuchen, kein Trost waren, dass solche Besuche ausgeschiedener Arbeitskollegen eher stören als bereichern und dass man die Erfahrungen der Ruheständler in dieser schnelllebigen Zeit nicht mehr braucht. Also: Die Begriffe „Zielvorgaben", „Zielerreichung", „Karriere", „Aufstieg", „Konkurrenz", „Einfluss" konnten getrost aus dem Wortschatz gestrichen werden. Jetzt werden Begriffe wie „Muße", „Bequemlichkeit", „Sicherheit", „Gesundheit" öfter bemüht. Sicherlich ist die Arbeit auch identifikationsstiftend, aber alle positiven Nebeneffekte des Berufslebens müssen und können auch mit neuen Aufgaben oder neuen Zielen erreicht werden.

Und noch ein Gedanke schlich sich ein. Mir wurde bewusst, dass ich mit dem Wechsel in den Ruhestand nun etwas abgeschlossen und zum letzten Mal gemacht habe. Die Rentenphase wird jetzt die letzte Phase im Leben und für mich Anlass sein, über dieses Leben erneut intensiver nachzudenken. Ich habe jetzt zwar täglich mehr Zeit, aber mein Lebenszeitbudget ist begrenzt und wird geringer. Ich kann nicht verhindern, älter zu werden und zu altern mit allen Konsequenzen. Das Nachdenken über das, was kommen mag, ist zuweilen ein lästiger Gefährte, gegen den auch die beste Verdrängung und mein christlicher Glaube nicht immer etwas auszurichten vermögen.

Das Zeitbudget kann ich nicht vergrößern und dem Älterwerden kann ich nicht entkommen, aber ich werde versuchen, mich ihm zu stellen und beizeiten damit umzugehen. Ich möchte in Zukunft jeden Augenblick bewusst erleben und das Leben genießen.

Gelebter Ruhestand

Etwas wehmütig war mir dann schon, die Unterlagen zu sortieren und teilweise zu vernichten, die Geräte und Schlüssel abzugeben und mich zu verabschieden. Meinen Kollegen und Vorgesetzten bin ich dankbar für die herzliche Verabschiedung mit einem wohlwollenden Rückblick auf mein Arbeitsleben, erleichterten sie den dann doch plötzlichen Abschied und Übergang in die neue Lebensphase.

Dass ich mich in den ersten Wochen noch wie im Urlaub fühlen würde, hatten viele prophezeit. Aber dieses Gefühl hält eigentlich bis heute an. Früher hatte der Tag zu wenig Stunden, ich war froh über kurze Phasen ohne Verpflichtung. Jetzt steht mir die Zeit im Übermaß zur Verfügung, die Souveränität über sie ist ein unschätzbarer Zugewinn. Ich habe gelernt, Muße und Entschleunigung zu genießen. Zeitnot und Leistungsdruck sind vorbei und ich versuche, sie nicht wieder aufzubauen. Sprüche bei der Arbeit wie „wir leben nicht nach dem Lustprinzip" oder „wir sind nicht bei Wünsch Dir was" fallen nicht mehr.

Trotzdem bin ich jetzt mit so vielen Dingen beschäftigt, dass keine Langeweile aufkommt, die Zeit vergeht wie im Fluge. Noch während meiner Berufstätigkeit habe ich angefangen, als Schöffe im Amtsgericht tätig zu sein und lerne dadurch eine mir bisher weniger bekannte Seite der Welt und des sozialen Miteinanders kennen. Die Übernahme des Amtes als Vorsitzender des Rudervereins Leer führte nicht nur zu weiteren Aufgaben, sondern auch zu vielen neuen und interessanten Kontakten sowie natürlich auch zum Rudern selbst. Dass wir unser Nachbarhaus erwerben und als Domizil für den Besuch unserer Kinder und Enkelkinder sowie als Ferienwohnung ausbauen konnten, führte ebenfalls zu beträchtlichen Beschäftigungsmöglichkeiten und das Kennenlernen immer neuer Menschen. Auch der Klassiker unter den neuen Aktivitäten für Ruheständler fehlt nicht: Meine Frau und ich haben das Golfspielen begonnen und verbringen dadurch gemeinsam viele erholsame Stunden in der Natur. Dass dieser Sport auch Demut lehrt, werden passionierte Golfer wissen. Wir fahren oft Fahrrad und joggen regelmäßig, letzteres allerdings mit unterschiedlich ausgeprägter Motivation. Diese sportlichen Anstrengungen sind der Erkenntnis geschuldet, dass ohne regelmäßiges Training bis Mitte 60 etwa ein Drittel der Muskeln verloren geht, trainierte Muskeln aber die Voraussetzung jeder Form der Bewegung sind und Bewegung eine wichtige Voraussetzung für den Erhalt der Gesundheit ist. Ein angenehmer Nebeneffekt ist, dass man nicht so sehr auf die Anzahl der Kalorien achten muss. Ich bin darüber hinaus dankbar, dass meine

Gesundheitschecks bisher keine Befunde ergaben und ich ohne Einschränkungen leben darf.

Das Reisen in fremde Länder ist dadurch immer noch möglich und wird von uns, wenn auch nicht im Übermaß, gerne genutzt. Eine jährliche Angeltour mit Freunden in die Fjorde Norwegens gehört ebenfalls dazu. Aber auch zu Hause ist es schön. Mein Blick für die Natur ist intensiver geworden, die Vögel und Blumen im Garten erfreuen mich, ich bin froh über die Großzügigkeit der Natur und die vielen Eindrücke, die ohne Anstrengungen und gratis zu haben sind. Und ich genieße das Zusammensein mit meiner Frau, die Begegnungen mit den Kindern, Enkelkindern und den Freunden.

Was will ich mehr?

Anhang

Als ich mich selbst zu lieben begann[1]

Als ich mich selbst zu lieben begann,
konnte ich erkennen, dass emotionaler Schmerz und Leid
nur Warnungen für mich sind,
gegen meine eigene Wahrheit zu leben.
Heute weiß ich:
Das nennt man AUTHENTISCH SEIN.

Als ich mich selbst zu lieben begann,
verstand ich, wie sehr es jemanden beeinträchtigen kann,
wenn ich versuche, diesem Menschen meine Wünsche aufzuzwingen, auch
wenn ich eigentlich weiß,
dass der Zeitpunkt nicht stimmt und dieser Mensch nicht dazu bereit ist –
und das gilt auch,
wenn dieser Mensch ich selber bin.
Heute weiß ich:
Das nennt man RESPEKT.

Als ich mich selbst zu lieben begann,
habe ich aufgehört,
mich nach einem anderen Leben zu sehnen
und konnte sehen, dass alles um mich herum
eine Aufforderung zum Wachsen war.
Heute weiß ich,
das nennt man REIFE.

---

1 Zitiert nach: www.selbstbewusstsein-staerken.net (18.12.2019)
   Bei dem hier nochmals abgedruckten Gedicht scheint nicht sicher, dass die Zeilen tatsächlich von Chaplin stammen. Ein eindeutiger Nachweis seiner Urheberschaft liegt wohl nicht vor.
   Vgl. hierzu www.zeitblueten.com (18.12.2019)

Als ich mich selbst zu lieben begann,
habe ich verstanden, dass ich immer
und bei jeder Gelegenheit,
zur richtigen Zeit am richtigen Ort bin
und dass alles, was geschieht, richtig ist –
von da an konnte ich gelassen sein.
Heute weiß ich:
Das nennt man SELBSTVERTRAUEN.

Als ich mich selbst zu lieben begann,
habe ich aufgehört, mich meiner freien Zeit zu berauben,
und ich habe aufgehört, weiter grandiose Projekte für die Zukunft zu entwerfen.
Heute mache ich nur das, was mir Spaß und Freude macht,
was ich liebe und was mein Herz zum Lachen bringt,
auf meine eigene Art und Weise und in meinem Tempo.
Heute weiß ich,
das nennt man EINFACHHEIT.

Als ich mich selbst zu lieben begann,
habe ich mich von allem befreit,
was nicht gesund für mich war,
von Speisen, Menschen, Dingen, Situationen
und von Allem, das mich immer wieder hinunterzog,
weg von mir selbst.
Anfangs nannte ich das „Gesunden Egoismus",
aber heute weiß ich,
das ist SELBSTLIEBE.

Als ich mich selbst zu lieben begann,
habe ich aufgehört, immer recht haben zu wollen,
so habe ich mich weniger geirrt.
Heute habe ich erkannt:
das nennt man BESCHEIDENHEIT.

Als ich mich selbst zu lieben begann,
habe ich mich geweigert,
weiter in der Vergangenheit zu leben
und mich um meine Zukunft zu sorgen.
Jetzt lebe ich nur noch in diesem Augenblick,
wo ALLES stattfindet,
so lebe ich heute jeden Tag
und nenne es ERFÜLLUNG.

Als ich mich zu lieben begann,
da erkannte ich, dass mich mein Denken
armselig und krank machen kann.
Doch als ich es mit meinem Herzen verbunden hatte,
wurde mein Verstand ein wertvoller Verbündeter.
Diese Verbindung nenne ich heute
WEISHEIT DES HERZENS.

Wir brauchen uns nicht weiter vor Auseinandersetzungen,
Konflikten und Problemen mit uns selbst und anderen fürchten, denn sogar
Sterne knallen manchmal aufeinander und es entstehen neue Welten.
Heute weiß ich:

DAS IST DAS LEBEN!